Nikolaj Krasnikov

D1725140

Leben aus Gnaden

Dieses Buch widme ich meiner lieben Frau Katja

Ich danke meinen Söhnen Pavel und Stephan,
die dieses Buch ins Deutsche übersetzt haben

Nikolaj Krasnikov
Leben aus Gnaden

© 2010 Lichtzeichen Verlag GmbH, Lage
Umschlag/Satz: Gerhard Friesen

ISBN 978-3-86954-009-2
Bestell-Nr.: 40-5-553

Inhalt

Vaterliebe

Die tiefstehende Sonne schien schräg über die Dächer der Häuser und warf lange Schatten. Der kurze Wintertag neigte sich dem Ende zu und der Schnee färbte sich in eine ungewöhnliche, leicht rosa Farbe. Die Spitze der Peter-Paul-Kathedrale leuchtete wie eine helle, gelbe Flamme. Ungeachtet des Frostes zwitscherten die Sperlinge und versuchten den schwerfälligen Tauben, die von gutmütigen Omas gefüttert wurden, die Brotkrumen wegzuschnappen.

Das alles beobachtete ich aus dem Fenster, aber innerlich war ich missmutig. Die Rangelei der Sperlinge stimmte mich nicht fröhlich, obwohl ich heute sieben Jahre alt geworden war. Ich hatte zu meinem Geburtstag einige Klassenkameraden eingeladen, aber die Feier konnte letztlich nicht stattfinden, weil ich krank geworden war. Warum hatte ich bloß im Winter geboren werden müssen, wenn einem in Leningrad die Erkältung an allen Ecken auflauert? Jedes Jahr war ich ausgerechnet um diese Zeit erkältet und musste zu Hause bleiben. Dabei war das doch mein Lieblingstag! Du wachst auf und siehst die ganzen Geschenke und Glückwunschkarten vor dir… Und jetzt wieder dasselbe. Ich war allein – Mutter war gerade dabei, ihre aktuelle Arbeit für die Künstlerausstellung abzuschließen und Großmutter war einkau-

fen gegangen. Bestimmt stand sie jetzt irgendwo in der Warteschlange, um etwas zu kaufen, was nur schwer zu bekommen wäre.

Im Flur hatte es geklingelt und ich rannte zur Tür. Am Eingang stand ein Postbote mit einem Telegramm, das an mich adressiert war. Ich freute mich sehr – es waren Glückwünsche von meinem Vater, der schon seit einigen Jahren nicht mehr bei uns lebte. Mir war völlig unklar, warum meine Eltern sich hatten scheiden lassen. Es war doch so schön gewesen – die Abende zusammen zu verbringen, an Wochenenden ins Kino oder ins Museum zu gehen oder einfach nur in der Stadt Spaziergänge zu machen! Ich habe oft zu verstehen versucht, was sie dazu gebracht haben könnte, sich zu trennen, konnte aber keine Erklärung dafür finden. Mein Vater schien sehr lieb zu sein, weil er mir jedes Mal neues Spielzeug kaufte, wenn er kam. Wir sahen uns nur sehr selten. Viele Male wartete ich darauf, dass er vorbeischaute oder anrief und schlief häufig mit diesem Gedanken ein.

Einmal hatten wir im Sommer gemeinsam im Park am Ufer der Newa Papierschiffchen ins Wasser gelassen und wurden dabei von den Strahlen der nordischen Sonne gewärmt. Unsere Spielzeugschiffe waren winzig im Vergleich zu den großen Schleppern und Fähren, die majestätisch im Fahrwasser vorbeischwammen und die Wellen versuchten, meine Flotte zu verschlucken. Aber sie war unsinkbar, denn ich war immer zur Stelle, wenn meine Schiffe sich in Schwierigkeiten befanden. Genauso beschützt fühlte ich mich, wenn es um Probleme im Leben ging. Vor allem dann, wenn ich als Nichtschwimmer eifrig in das kalte Newa-Wasser stieg, wohlwissend, dass mein Vater mir jederzeit helfen würde...

An diesem Abend kam Mama zu mir:
- Ich habe ein Geschenk für dich!
- Was für eines?

- Genau das, was du dir schon so lange wünschst...

Vor mir lag eine Kiste mit Spielzeug-Bausteinen. Es stimmte: Das hatte ich mir tatsächlich sehnlichst gewünscht. Meine Augen füllten sich mit Tränen und ich drehte mich um, um nicht zu zeigen, dass ich weinte. Ich wollte die Bausteine nämlich unbedingt zusammen mit meinem Vater aufbauen...

Vater war Direktor des „Museums für die Geschichte der Religion und des Atheismus", das sich in der riesigen und alten Kasaner Kathedrale befand, die wiederum mitten im Zentrum Leningrads stand. Ihre großartige Fassade schaute geradewegs auf den Newski Prospekt hinaus. Die Kathedrale war zu Ehren des Sieges des russischen Volkes über Napoleon gebaut worden und ihr Name stammte von der Ikone der Gottesmutter von Kasan, welche quasi das Land vor dem Feind gerettet hatte. Es war eine Domkirche, in der früher Gottesdienste gefeiert worden waren. Doch nach der Revolution hatte man hier das Museum eröffnet und darin verschiedene Gegenstände versammelt, mit deren Hilfe die Menschen früher sogenannte „religiöse Rituale" abgehalten hatten. Unten im riesigen Keller befand sich die Ausstellung über die Foltermethoden aus der Zeit der Inquisition. In der Mitte eines Raumes stand ein Stuhl, der vollständig mit spitzen Eisennägeln bedeckt war, die sogar aus den Armlehnen herausragten. Daneben lagen „spanische Stiefel", die dafür konstruiert waren, die Knochen der Füße zu zertrümmern. Im Feuer konnte auch eine spezielle Zange erhitzt werden. An der Decke war ein Haken befestigt, auf welchen die Befragten gehängt wurden. Zangen, Fesseln und Masken lagen so herum, als ob sie gerade eben benutzt worden wären. In der Ecke stand die Modellpuppe eines Henkers, dessen Gesicht durch eine Maske bedeckt wurde.

- Papa, wieso haben die Menschen sich gegenseitig so gequält, und vor allem auf so grausame Weise? – Naiv stellte ich die mich sehr bedrückende Frage.

- Sie wollten andere Leute mit Gewalt dazu zwingen, an Gott zu glauben.

- Wer ist denn Gott?

- Es gibt keinen Gott! Er ist bloß eine Erfindung des Menschen!

- Wieso wurde er denn erfunden, Papa?

- Um die anderen Menschen zu täuschen.

- Das heißt, es gibt keinen Gott?

- Nein und es kann auch gar keinen geben. Er wurde noch nie von jemandem gesehen. Die Leute denken sich irgendwelche Dummheiten aus, dann glauben sie daran und zwingen andere Menschen, es ebenfalls zu tun.

Das alles ließ mich nicht in Ruhe und ich ließ nicht locker.

- Wieso haben sie denn andere Leute dazu gezwungen, an etwas zu glauben, was es nicht gibt?

- Um sie besser kontrollieren zu können.

Mir hatten die Leute sehr Leid getan, die unter so schrecklichen Foltern gezwungen worden waren, an einen nicht existierenden Gott zu glauben. An so einen Gott wollte ich nicht glauben. Außerdem behaupteten ja alle, dass es ihn gar nicht gibt...

Kurze Zeit später tauchte in meinem Leben eine neue, prägende Person auf. Eines Abends ging ich mit Mutter in ein Café. Ich spürte, dass etwas Ungewöhnliches in der Luft lag. Zu unserem Tisch setzte sich ein Mann in einer Marineoffizier-Uniform. Er war von mittlerer Größe und kräftig gebaut. Hinter den Gläsern seiner Brille musterten mich seine grauen Augen aufmerksam. Sofort fiel mir ein, dass er ein Bekannter meiner Mutter war und freute mich über dieses Treffen. Ich spürte, wie von diesem Mann

Kraft ausging und empfand in seiner Nähe Geborgenheit. Sein Name war Onkel Wolodja.

Bei einem unserer Treffen schlug er mir vor, ihn „Papa" zu nennen. Ich war völlig bestürzt – mein Vater wohnte in ein und derselben Stadt, obwohl wir uns nur selten sahen. Aber Onkel Wolodja strahlte eine derartige Männlichkeit aus, dass ich nicht nein sagen konnte. Es war für mich sogar sehr schmeichelhaft, jetzt so einen Verteidiger zu haben. Nun konnte nichts Böses mehr in unser Haus eindringen.

Im Winter zogen wir in eine kleine und gemütliche Wohnung am Stadtrand um. Daneben befand sich ein Waldpark, wo die Möglichkeit bestand, Ski zu fahren. Bei einem dieser Ski-Spaziergänge traf es sich, dass – warum auch immer – auf einmal mein echter Vater ebenfalls dort war. Das verwirrte mich sehr. Ich fühlte, dass etwas nicht stimmte und wollte nur eins – dass alles so schnell wie möglich vorbei war. Als sich mein Vater abends von mir verabschiedete, küsste er mich auf die Wange und sagte:

- Hör auf deinen neuen Papa!

Das hat mir sehr wehgetan. Mein Vater übergab mich einem anderen Mann, auch wenn dieser gut und nett war. Das kam einem Verrat gleich.

Es vergingen einige Monate und ich freundete mich mit meinem Stiefvater an. Ich begann zu spüren, dass ich einen neuen, echten Freund gewonnen hatte, von dem ich zuvor schon so lange geträumt hatte.

Eines Abends waren wir bei Oma und Opa zu Besuch. Während ich gespannt eine Sendung im Fernsehen verfolgte, sagte mein neuer Vater plötzlich zu mir:

- Komm her!

- Ich kann nicht, ich habe keine Zeit!

- Komm sofort hierher!

- Ich kann nicht...

Ohne ein weiteres Wort packte er mich, zerrte mich in die Mitte des Zimmers und verdrehte meinen Arm, bevor er ihn auf meinen Rücken legte. Anschließend nahm er einen Gürtel und schlug mich hart und fest damit. So eine Erniedrigung – ganz zu schweigen von den Schmerzen, die ich dabei empfand – hatte ich noch nie zuvor erlebt!

- Du musst beim ersten Mal gehorchen. Damit tust du dir nur selber einen Gefallen – sagte mein Stiefvater aufgebracht.

Einmal verprügelte er mich mit diesem Gürtel wegen nicht gemachter Hausaufgaben so heftig, dass ich dachte, er würde mir meine Rippen brechen. Als Mutter nach Hause kam, war ich dermaßen eingeschüchtert, dass ich mich nicht traute, ihr zu sagen, was geschehen war. Seitdem hatte ich panische Angst vor meinem neuen Vater.

Die Jahre vergingen. Meinen echten Vater sah ich kaum noch. Er hatte jetzt eine neue Familie und mit jedem Jahr distanzierte er sich immer mehr von mir.

Mir fehlte die Liebe, die meine Seele wärmen konnte; die väterliche Warmherzigkeit, die man fürs Leben mitnimmt, um sie dann an seine Kinder und Enkel weiterzugeben.

Unsere Lebensbedingungen verbesserten sich – wir zogen in eine schicke Wohnung im Zentrum der Stadt um. Hier wohnten eindeutig privilegierte Persönlichkeiten, einschließlich des Ersten Parteisekretärs und einem berühmten Schauspieler. Man schickte mich auf eine deutsche Schule und dort begann ich zu spüren, dass ich „anders" war.

Schon bald verwandelte sich unser Familienparadies in so etwas wie eine Hölle. Der schwierige Charakter meines Stiefvaters hatte das Seine getan – Mama ließ sich von ihm scheiden.

Für einige Jahre lebten wir wie im Krieg. Ich hätte mir nie denken können, dass „Onkel Wolodja" jemals so wütend, bösartig und rachsüchtig uns gegenüber verhalten würde! Wo waren seine Liebe und Fürsorge geblieben?

Hass kam in mir auf. Ich träumte davon, meine Mutter zu rächen, die es sehr schwer hatte.

Bei einem unserer seltenen Treffen erzählte mein Vater mir von seinem Umzug nach Moskau, wo ihm eine neue Arbeitsstelle in der Russischen Akademie der Wissenschaften angeboten worden war.

Das Lernen fiel mir leicht und interessierte mich. In der Schule hatte ich viele Kameraden. Aber unter ihnen befand sich nicht einer, mit dem ich meine Probleme hätte teilen können; der eine Freund, den ich immer anrufen und dem ich meine Geheimnisse anvertrauen konnte. Ich vermisste diese Art von Freundschaft, von der ich vor allem in den Romanen von Alexandre Dumas gelesen hatte. Doch aus irgendeinem Grund hielt jede meiner vielen Bekanntschaften aus der Schule unsere Freundschaft eher für so etwas wie ein Zweckbündnis.

Die antike Mumie

Bei uns zu Hause gab es sehr viele Bücher. Ich mochte es, ein beliebiges Buch aus dem Regal zu nehmen und einfach in der Mitte mit dem Lesen anzufangen. Einmal stieß ich auf den Band „Legenden und Mythen des antiken Griechenlands", der von unsterblichen griechischen Göttern und großen Helden handelte, die Großes vollbracht hatten und am Schluss immer auf unsinnige Weise starben.

Dieses griechische Epos beeindruckte mich so stark, dass ich beschloss, zur Eremitage (das größte und bedeutendste Kunstmuseum der Welt in Sankt Petersburg, Anm. d. Herausg.) und dort in die Abteilung der antiken Kunst zu gehen. Als ich von einer Statue zur anderen schritt, stand ich plötzlich direkt vor einer Mumie. Vor mir lag das, was einst ein Mensch gewesen war. Eine dunkelbraune, trockene Haut umhüllte den Schädel und die Knochen. Die Zähne ragten heraus und es hatte den Anschein, dass der Tote mir zulächelte. Dieser Anblick war so widerwärtig, dass ich aus der Halle hinauslief und den Weg nach Hause fast im Laufschritt zurücklegte. Dieses Bild verfolgte mich anschließend noch lange. Später erfuhr ich, dass diese Mumie einen sehr privilegierten ägyptischen Priester darstellte, der zu Lebzeiten auf alle Menschen herabgeschaut und ihnen Befehle erteilt hatte. Aber bestimmt hatte er sich nicht vorstellen können, dass sein ausgetrockneter Körper nach seinem Tod eine Sehenswürdigkeit in einem Museum werden würde. Wenn man das bedachte, was hatte dann dieses Leben für einen Sinn?

Kurz darauf wurde auch unsere Familie mit dem Tod konfrontiert. Mein Großvater erlitt einen Herzinfarkt und wurde ins Krankenhaus eingeliefert, aus dem er nicht mehr nach Hause zurückkehrte. Was von ihm blieb, waren nur militärische Abzeichen und das Grab auf dem Friedhof. Noch vor kurzem hatte er Zeitungen gelesen, mit mir Schach gespielt und ferngesehen. Und jetzt existierte er nicht mehr in dieser Welt! Diesen Gedanken konnte ich nicht ertragen.

Ich wollte auf keinen Fall, dass dasselbe auch mit mir oder irgendjemandem passierte, der mir nahe stand. Wegen dieses ausweglosen Horrors musste ich nächtelang weinen, mein Gesicht tief in meinem Kissen vergraben.

- Kolja, das ist der Lauf der Dinge, – versuchte meine Großmutter, mich zu trösten. - So war es, so ist es und so wird es auch bleiben. Mit allen.

- Aber wieso? Haben die Ärzte etwa noch kein Mittel dafür gefunden, dass die Leute nicht mehr sterben müssen?

- Noch nicht. Vielleicht erlebst du es noch...

Irgendwie war das doch unsinnig und ungerecht – geboren werden, leben, lernen, arbeiten – und alles nur dafür, um dann zu sterben und im Nichts zu verschwinden... Oder kommen wir nach dem Tod vielleicht irgendwohin? Aber wohin und was wird dort mit uns passieren? Niemand aus meinem Umfeld konnte mir diese Fragen beantworten.

Eine sonderbare Eröffnung

In einer der Unterrichtspausen sah ich das Klassenbuch offen auf dem Lehrerpult liegen. Was für eine Seltenheit – man konnte seine ganzen Noten einsehen! Neben jedem Familiennamen war in einer Extraspalte die jeweilige Nationalität aller Schüler aufgeführt. Russe, Ukrainer, Jude... Letzteres ging mir durch Mark und Bein. Ich hatte dieses Wort manchmal gehört und jedes Mal klang es wie eine Beleidigung. Es hatte etwas Herabwürdigendes, Erniedrigendes. Mit Erstaunen stellte ich fest, dass wir auch in unserer Klasse Juden hatten. Das waren sehr intelligente Kinder, die in der Regel gute schulische Leistungen erbrachten.

Als wir einmal bei einer jüdischen Familie zu Besuch waren, wurde ich gefragt:

- Kolja, du bist doch auch ein Jude?
- Nein, hatte ich selbstbewusst geantwortet.

Ich persönlich hatte nichts gegen dieses Volk, aber ich wollte nicht zu denjenigen gehören, über die ständig gelacht wurde und die man für minderwertig hielt. Außerdem war in all meinen Dokumenten verzeichnet, dass ich ein Russe bin.

Aber als ich einmal in unserem alten Schrank herumwühlte, stieß ich zufällig auf einen gelblich gewordenen Umschlag und öffnete diesen neugierig. Vor mir lag die handgeschriebene Autobiographie meines Großvaters. „Ich, Lew Matwejewitsch Ratin, geboren 1899, bin Jude...“

Hatte ich etwa jüdische Vorfahren? Womit verdiente ich eine solche Ungnade? Ich konnte Mutters Auskunft kaum erwarten:

- Bin ich etwa ein Jude?
- Nicht ganz...
- Wie, nicht ganz?
- Dein Vater ist ein Russe.
- Also kann ich behaupten, ich wäre ein Russe?
- Ja, und es wäre besser, wenn du deine jüdische Herkunft verschweigst, damit es keine Schwierigkeiten gibt.
- Was könnten denn für Schwierigkeiten auftreten? Würden die Leute lachen?
- Nicht nur das. Du wirst nicht an der Universität aufgenommen und bekommst keine gute Arbeitsstelle. Und es kann sowieso sonst was passieren.
- Was kann denn passieren?
- Weißt du etwa nicht, was Hitler mit den Juden gemacht hat?

Das wusste ich natürlich. Sechs Millionen Juden waren während des Zweiten Weltkrieges vernichtet worden.

- Kann sich denn sowas etwa wiederholen?
- Wer weiß...

Dieses Gespräch hatte mich verändert. Ich begriff, dass es Dinge gibt, über die man mit anderen Leuten niemals sprechen sollte, um sich selbst nicht zu schaden.

Wer waren diese Juden? Warum konnte sie niemand leiden? Woher kam es, dass alle über sie lachten? Weswegen hatte man sie in Konzentrationslagern umgebracht, egal ob klein oder groß? Wodurch hatten sie sich denn vor allen anderen Menschen schuldig gemacht?

Meine Gedanken waren zweigeteilt: Einerseits wusste ich, dass ich mich vor meinem Judendasein nicht verstecken konnte. Ich verstand, dass ein Mensch bei der Geburt seine Nationalität erhält und diese nicht mehr loswerden kann. Andererseits wollte ich auf keinen Fall ein Jude sein und damit zum Mittelpunkt des Gelächters werden. Deshalb war es wohl am besten, über meine Herkunft zu schweigen.

Die Bestimmung meines Ziels

Früh am Morgen auf dem Weg zur Schule hörte ich oft Glocken läuten. Das lud die Menschen in die Kirche ein und einige – überwiegend ältere Frauen – begaben sich dorthin. Für mich war es ein Rätsel, was sie an dem Ort machten, denn Gott gab es ja nicht und konnte es gar nicht geben. Das war doch schon längst wissenschaftlich bewiesen worden! Keiner hatte ihn je gesehen, nicht mal die Astronauten. Die alten Frauen, die in die Kirche gingen, schienen mir nicht sonderlich kluge Menschen zu sein. Ich selber hielt mich für gebildet. Meine Schule war sehr elitär und verfügte über ein äußerst hohes Unterrichtslevel. Und das gab mir zweifelsohne ein besonderes Gefühl des Stolzes. Ich glaubte nur an mich und an mein eigenes Können.

Wie konnte man nur an etwas glauben, was nicht existierte? Man musste das glauben, was man sah und hörte! Überall wurde durch die Radios und Zeitungen verbreitet, dass es auf der Erde bald keine reichen oder armen Menschen mehr geben und dass die Kriege aufhören würden. Die Kapitalisten wären dann nicht mehr in der Lage, die Menschen zur Arbeit zu zwingen und jeder würde soviel arbeiten, wie er könne und das erhalten, was er benötigte. So wurde es uns von der Partei und der Regierung des „richtigsten und besten Staates" versprochen. Voller Freude glaubte ich daran. Und ich wollte unbedingt mit allen anderen in meinem Heimatland den Kommunismus aufbauen.

Mein Vater, der in Moskau lebte, stellte zu der Zeit gerade seine Doktorarbeit, die einer Kritik an der russischorthodoxen Kirche gewidmet war, fertig. Er brandmarkte sie von allen Seiten aus der Position der marxistisch-leninistischen Philosophie heraus. Zweifelsfrei waren die Erfahrungen des Direktors des „Museums für die Geschichte der Religion und des Atheismus" von maßgeblicher Bedeutung. Er verfasste seinen Beitrag für die Wissenschaft und konnte sich damit zu Recht als ein Gelehrter betrachten. Ich wollte auch unbedingt auf dem Gebiet der Wissenschaft arbeiten und fing an, darüber nachzudenken, was ich werden wollte und auf welche Universität ich gehen sollte.

In Leningrad gab es eine Vielzahl von schulischen Einrichtungen. Ich ging fast alles durch, mit Ausnahme der Kunstakademie und des Sportinstituts. Ich stellte mich mir als Fernsehredakteur, als Ingenieur für Maschinenbau im Eisenbahnbereich, als Spezialist der Elektrotechnik und später auch als Forscher auf dem Gebiet der Optik und sogar als Hydrogeologe vor. Das strömende Wasser hatte mich schon immer angelockt! Jedes Mal verkündete ich meinen Angehörigen stolz meine Entscheidung und diese befürworteten meine Beschlüsse. Aber irgendwann hatten sie es satt, sich die Vorteile des ein oder anderen Berufs anzuhören und reagierten nicht mehr auf weitere Entschlüsse meinerseits. Ich musste mich festlegen, denn die Zeit der Abschlussexamen in der Schule rückte näher.

- Ich werde Geologe, – teilte ich eines Morgens mit. Vor kurzem war im Fernsehen eine Sendung über verschiedene Mineralien und deren Vorkommen ausgestrahlt worden. Für mich war das eine äußerst interessante Beschäftigung. Außerdem konnte man durch das ganze Land reisen!

- Jetzt bist du endgültig verrückt geworden! – bemerkte Großmutter.

Das stachelte mich nur noch mehr an und die Frage nach dem richtigen Studium war ohne weiteres geklärt. Zusätzlich motivierte mich die Tatsache, dass ich mir eine rein männliche Tätigkeit ausgesucht hatte. Das schmeichelte in besonderem Maße meiner Selbstzufriedenheit.

Ich bestand die Aufnahmeprüfungen der Geologischen Fakultät an der Leningrader Universität und war für das erste Semester immatrikuliert.

An der Universität

Die Geologie mit ihrer Vielseitigkeit begeisterte mich von Anfang an. Für mich war alles interessant und deswegen sah ich keinen Grund, Vorlesungen zu versäumen. In den Lektionen über die Mineralogie lernten wir den Aufbau und die Zusammensetzung der Mineralien kennen, die Kristallographie enthüllte Geheimnisse über die Kristallgitter, die Lithologie und Petrographie das Entstehen der Gesteine und die Geotektonik lehrte uns etwas über die Bewegungen der Erdoberfläche. Uns wurde auch viel über die Vorkommen der verschiedenen Erze und Erdöle beigebracht. Aber als besonders interessant erwies sich der Kurs „Paläontologie". In diesem Fach ging es darum, welche lebendigen Organismen vor vielen Millionen Jahren existiert und sich in einer versteinerten Form hervorragend erhalten haben. Es gab Trilobiten, Muscheln und Mollusken in den verschiedensten Formen.

Aber eine Frage ließ mich nicht in Ruhe. Die Gesteine und deren abgelegte Mineralien ergaben eine nicht lebendige Materie. Die Pflanzen- und Tierwelt war der lebendige Teil. Wie konnte aus einem toten Stein Leben entstehen?

Die Wissenschaft war nicht in der Lage, diese Frage eindeutig zu beantworten. Außerdem vermuteten die Gelehrten, dass alles aus sich selber entstanden sei. Eine solche Form der Genese lebendiger und nicht gerade einfacher Organismen, die ihren Ursprung in sich selbst hatten, verwunderte mich noch mehr als die Ansiedlung der ersten Bakterien aus den Weiten des Alls.

Angenommen, das Leben war von anderen Planeten zu uns gekommen: Auf welche Art und Weise ist es dann dort entstanden? Die Hypothese, dass nichtirdisches Leben existiert, vertiefte die Frage nach dessen Ursprung und deutete keineswegs auf den Grund hin.

Ich versuchte vergeblich, die Antwort in der Philosophie zu finden. Die marxistische Ideologie war vollkommen und duldete keine Zweifel oder Widersprüche: Das Leben auf der Erde entstand als Folge bestimmter Zufälle in einer chemischen Revolution innerhalb mehrerer Millionen Jahre.

- Denkt gar nicht darüber nach! Die Natur ist viel klüger als wir. Sie hat das alles selbst so eingerichtet, – sagte mir einmal der Professor.

- Sie ist schon sehr bemerkenswert, diese Natur, – dachte ich. - Sie entwickelt sich selbst, ohne dass jemand sie manipuliert. Und dazu kommt sie noch aus dem Nichts.

Ich verstand, dass ich mir Fragen stellte, auf die man keine Antworten finden durfte. Die sich-selbst-entwickelnde Natur lockte mit ihrer Rätselhaftigkeit und ich wollte sie möglichst genau kennenlernen. Deswegen strebte ich eine baldige geologische Expeditionsreise an – und zwar nicht irgendwohin, sondern in das weite Jakutien.

Unser Flug dauerte nicht weniger als sechs Stunden mit zwei Pausen zwischendurch. Meine Seele wurde von der unbeschreiblichen Schönheit dessen, was ich unter mir sah, erschüttert. Wir flogen über die grenzenlose Weite des Waldes hinweg, wo es keinen Anfang und kein Ende zu geben schien. In Jakutsk stiegen wir in ein kleines Flugzeug um und ein paar Stunden später landeten wir in Verchojansk. Wir mussten diese Nacht unter freiem Himmel verbringen. Es war ein Polartag, an dem die Sonne nie völlig unter den Horizont versank.

Wir verbrachten fast den ganzen Sommer in dem geologischen Lager an den Ausläufern der Verchojansk-Gebirgskette, am Ufer eines kleinen Baches. Die gesamte jakutische Reise verlief größtenteils reibungslos und ich hatte das Gefühl, Berge versetzen zu können. Mein Selbstvertrauen stieg.

Zurück in Leningrad widmete ich mich völlig meiner Ausbildung an der Universität. Uns wurde fakultativ zu Lehrzwecken ein Kurs über den wissenschaftlichen Atheismus angeboten. Dort berichtete man darüber, wie Menschen an Gott glauben und welche Mittel sie anwenden, um ihm näher zu kommen. Es war in der Tat ein Massenirrtum! Aus welchem Grund müssen wir überhaupt an „Irgendjemanden" glauben? Wahrscheinlich glaubten alle, weil sie zu schwach waren und kein Selbstvertrauen besaßen. Ich hingegen verließ mich auf meine eigenen Kräfte und auf das Schicksal, das mich bisher noch nie enttäuscht hatte.

Diplompraktikum

Drei Jahre später begab ich mich für die Durchführung meines Diplompraktikums erneut nach Jakutien, dieses Mal aber etwas südlicher in die Bergkette Sette-Daban.

Der Hubschrauber MI-8 brachte uns zur festgelegten Koordinate, die von der nächsten besiedelten Ortschaft einige hundert Kilometer entfernt war. An einem Tag mussten wir 25 Kilometer zu Fuß laufen und dabei geologisches Material sammeln. Am Rücken jedes einzelnen von uns hing ein schwerer Rucksack mit Gesteinsmustern. Die Stechmücken waren gnadenlos und die heiße Sonne brannte unbarmherzig.

Während ich an einem Juliabend von einem langen Marsch zurückkehrte und an mein baldiges Abendessen und die nachfolgende Erholungszeit dachte, wurde der Waldweg, auf dem ich lief, breiter. Vor mir erstreckte sich ein offenes Sumpfgebiet. Plötzlich tauchte ein riesiger, brauner Fleck vor mir auf.

- Vermutlich ein Pferd, – dachte ich. - Aber wie kommt ein Pferd in die Taiga? Wahrscheinlich ist es von irgendwo ausgerissen...

Währenddessen näherte sich dieser merkwürdige Fleck und wuchs in seiner Größe. Mit Schrecken stellte ich fest, dass es ein mächtiger jakutischer Bär war, der da vor mir stand. Der Wind wehte in meine Richtung, weswegen der Bär meinen Geruch nicht wahrnahm. Doch er bewegte sich weiter in meine Richtung.

Es ist unnötig zu beschreiben, wie gefährlich ein Bär ist. Dieses Tier hält sich für „den Herrn der Taiga" und sein Verhalten ist völlig unberechenbar. Waffen hatte ich keine dabei, außer einer nutzlosen Signalpistole. Es bestand keine Fluchtmöglichkeit – überall standen nur dünne, karge Lärchenbäume. Das Einzige, was mir noch blieb, war zu schreien, was ich dann auch tat. Daraufhin blieb das Tier plötzlich stehen, hockte sich hin und fing an, mich gründlich zu mustern. Ich schrie ohne Unterbrechung und versuchte, es zu verschrecken. Nach einer Weile stand der Bär wieder auf und bewegte sich erneut bedrohlich in meine Richtung. Er war schon so nah, dass ich in seinen kleinen, schwarzen Augen meinen Tod sehen konnte.

Meine Füße waren nun wie am Boden festgewachsen, mein Körper wurde leblos und meine Hände taub. Für mich gab es keine Aussicht, aus dieser Auseinandersetzung als Sieger hervorzugehen.

- Wird etwa in dieser wilden und leblosen Gegend meine Existenz enden? Das Leben hört auf und dann ist nichts weiter. Wie sinnlos und ungeschickt – mit 21 Jahren zu sterben! Eigentlich habe ich noch gar nicht angefangen zu leben! Warum jetzt, hier und ausgerechnet ich?

Genau in diesem Augenblick verschwand der Bär. Es war, als ob er von einer unsichtbaren Macht aus meiner Nähe weggeführt würde. Anschließend tauchte er auch nirgends mehr auf. Ich stand noch lange da, ohne mich zu bewegen und zitterte immer noch aufgrund des Grauens, das ich gerade durchlebt hatte. Ich kann mich nicht mehr daran erinnern, wie ich ans Flussufer und von dort aus zum Lager gelangt bin.

Nach einiger Zeit begann ich zu überlegen, wie meine Rettung nur hatte vor sich gehen können. Wie kam es, dass dieses schreckliche Tier auf eine so unerklärliche Weise verschwunden war? Was für ein Glück, dass ich weiterleben und alles um mich herum genießen durfte! Mir kam es so vor, als würde die Sonne heller scheinen. Beim Betrachten jedes einzelnen Grashalms unter meinen Füßen lauschte ich den Geräuschen des Waldes und bedankte mich bei meinem Schicksal, im Glauben daran, einen guten Schutzengel zu haben.

Gegen Ende des Sommers stand uns ein Wassermarsch bevor, den wir in Schlauchbooten auf dem reißenden Fluss Menküle unternahmen. Erst links, dann wieder rechts ragten riesige Gebirge neben uns auf, an denen wir in Windeseile vorbeifuhren. Ein solches Boot lässt sich im schnell fließenden Gebirgsstrom nur schwer manövrieren. Es bewegt sich hin und her und rast in die Richtung, die der Strom vorgibt. Viele Reiseabenteuer auf den Taigaflüssen enden deshalb tragisch.

Während wir in unserem Boot auf dem Wasser trieben, war ich in Gedanken in Leningrad und ging an den Ufern der Newa spazieren. Doch plötzlich drang lautes Wasserrauschen an mein Ohr. Vor mir befand sich ein Wasserfall! Und im nächsten Augenblick stürzte ich diesen auch schon hinunter. Dabei fiel ich genau in das Boot, das schneller als ich unten aufgekommen war. Das war irgendwie ein Wunder. Ich wurde in diesem Moment sozusagen festgehalten. Wäre ich im Wasser gelandet, hätte ich keine Chance mehr gehabt, da herauszukommen. Meine riesigen Stiefel und der schwere Karabiner, den ich mir umgehängt hatte, würden mich sofort in die Tiefe ziehen. Wahrscheinlich ist das ein glücklicher Zufall gewesen, – dachte ich.

Die Diplomarbeit wurde rechtzeitig fertig gestellt und mit „sehr gut" bewertet. Mir stand nun die Einteilung der Arbeitsstellen bevor; das heißt, es gab die Möglichkeit, dass ich in einem weit entfernten Gebiet eingesetzt würde, zum Beispiel in Magadan.

Ich hatte jedoch Glück und dankte meinem Schicksal.

Mein erster Arbeitsplatz

Ich blieb in Leningrad und arbeitete an der Russischen Akademie der Wissenschaften. Das war eine sehr geschätzte, aber schlecht bezahlte Beschäftigung. Trotzdem war ich stolz. Ich war umgeben von Gelehrten, die lange Diskussionen auf wissenschaftlicher Ebene führten und bis in die Nacht hinein in ihren Büros tätig waren.

Als bewusste Atheisten, die nicht an Gott glaubten, waren wir gezwungen, materiell zu denken. Damit niemand an dieser Überzeugung Zweifel zu hegen begann, wurden regelmäßig philosophische Seminare abgehalten, bei denen Anwesenheitspflicht bestand. Aber durch die Auseinandersetzung mit den philosophischen Lehren begann mich die Entstehung des Lebens immer mehr zu interessieren.

In der Akademie arbeiteten zu der Zeit viele Juden. Tatsächlich trugen aber einige von ihnen russische Vor- und Nachnamen. Einmal fragte mich einer der Kollegen im Flur:

- Hör mal, bist du zufällig Jude?
- Wieso?
- Nur so, du siehst wie einer aus.
- Ist das etwa schlecht – ein Jude zu sein?
- Eigentlich nicht, nur mischen sie sich überall ein und verdienen besser als die anderen. Jeder zweite Vorgesetzte ist ein – Jude.
- Sie sind sehr intelligente Leute. Sehr viele sind Nobelpreisträger.
- Hinterlistige Leute. Ich mag sie nicht, – antwortete mein Gesprächspartner.

Ich wollte nicht einige meiner Geheimnisse preisgeben. Man wusste nie, wohin meine Offenheit führen würde. Wie schon einmal in meiner Kindheit wurde ich wieder mit der Frage konfrontiert: Warum mögen die Menschen die Juden nicht? Was haben sie sich zu Schulden kommen lassen? Ob Amerikaner, Franzose, Deutscher oder Schwede – das war etwas komplett anderes. Unsere Universität wurde von vielen ausländischen Wissenschaftlern besucht und diese wurden geschätzt. Vielleicht war es Neid? Was war das für ein interessantes Volk, das alle belästigte? Und wieso war es über die ganze Welt verstreut? Musste ich meine Identität als Jude wirklich vertuschen? War das etwa ein Brandmal?

Zu der Zeit arbeitete ich an meiner Karriere und wurde Autor vieler wissenschaftlicher Beiträge, wofür ich mich jeden Sommer auf eine Expedition für das Sammeln geologischen Materials begab.

Meine Kollegen waren dermaßen in ihre Arbeit vertieft, dass sie oft ihre Familien vernachlässigten, was folglich zu Scheidungen führte. Ich ließ mir das eine Warnung sein und wollte nicht die Fesseln der Ehe anlegen. Zwar pflegte ich sehr viele weibliche Bekanntschaften, aber keine von ihnen konnte in meinem Herzen ein Feuer entfachen – bis ich Katja traf. Als ich sie das erste Mal sah, erkannte ich sofort, dass sie genau diejenige war, die ich gesucht hatte. Alle Überzeugungen, die das Junggesellendasein betrafen, lösten sich wie in Luft auf und mir wurde schnell klar, dass ich ohne sie nicht leben konnte. Um Katjas Aufmerksamkeit zu gewinnen, brauchte ich Monate. Noch nie hatte ich mich so lange und hartnäckig um ein Mädchen bemüht. Erst nach einem Jahr gab sie mir ihr „Ja" und wir heirateten. Zwei Jahre später wurde mein erster Sohn geboren, nach anderthalb weiteren der zweite und zwei Jahre darauf der dritte.

In meiner Kindheit hatte es mir an väterlicher Liebe und Zuneigung gemangelt. Doch jetzt musste ich meine Söhne großziehen und betete das Schicksal an, um Weisheit von ihm geschenkt zu bekommen. Die Jungs wuchsen heran und ich sah mich dazu verpflichtet, mich um unseren Wohlstand zu kümmern. Eine andere Möglichkeit als das Verfassen einer Doktorarbeit und das Erlangen eines akademischen Grades sah ich dafür nicht. Vorab musste ich dazu aber eine Klausur in Philosophie ablegen.

In der Vorbereitungszeit zu dieser Klausur war es meine Aufgabe, mich mit den Werken Lenins auseinanderzusetzen. In einem seiner Schriften kritisierte der große Führer die Dialektik Hegels. Diese basiert auf der Behauptung, dass alles von einer absoluten Idee geleitet werde, welche über allem stehe, auf die ganze Welt einwirke und von Anbeginn der Welt existiere. Somit sei sie Ursprung allen Lebens. Damit widersprach diese Behauptung völlig der gesamten materialistischen Philosophie...

Während meiner Arbeit in Sibirien verlor ich manchmal die Orientierung in der Landschaft, obwohl ich genaue Landkarten hatte und einen Kompass besaß. Dagegen ist uns allen bekannt, dass Vögel im Sommer nach Norden fliegen und im Winter nach Süden, obwohl sie über kein navigierendes Gerät verfügen. Wie wählten sie ihre Richtung aus? Wahrscheinlich gab es doch jemanden, der diese Information zu Beginn in ihnen eingespeichert hatte, überlegte ich. Es gab jemanden, der im Voraus alles plant, der festlegt, was und wie es passieren soll. Und es konnte nur ein großartiger Schöpfer sein, auf dessen Anlass hin all das geschehen ist. Hegel nennt dies in seiner Dialektik die „absolute Idee" oder den „absoluten Verstand".

Ich kann nicht behaupten, ein Anhänger seiner Philosophie gewesen zu sein, aber eins wurde mir bewusst: Nichts kommt von ungefähr. Das Leben ist nicht einfach so entstanden.

Von diesem Zeitpunkt an hatte ich eine ganz andere Weltanschauung.

Wer ist Er, unser Schöpfer?

Philosophische Fragen, die sich mit dem Dasein beschäftigten, ließen mich lange nicht mehr in Ruhe. Wenn alles von einem Schöpfer erschaffen worden war, waren wir nur ein kleiner Teil der Materie, der versucht, sich selbst und alles Umstehende zu erforschen.

Ich begann immer öfter den berühmten Weisen Omar Khayyām zu zitieren: „Ich weiß, dass ich nichts weiß – das ist die letzte Weisheit, die ich erkannt habe!"

Alle Wahrheit ging vom Schöpfer aus. Wer war er? Wahrscheinlich war das der Gott, den ich abgelehnt hatte!

Ich hatte mir selbst bewiesen, dass es Gott gibt. Um genauer zu sein, er offenbarte sich mir selbst auf eine merkwürdige Art und Weise. Ich schämte mich nun für meine Gedanken und Äußerungen gegenüber gläubigen Menschen. Der Glaube an Gott war auf keinen Fall nur etwas für ungebildete Leute. Von Anfang an hatten diejenigen Recht gehabt, die an ihren Erschaffer glaubten. Doch mit der Zeit begann der Mensch damit, Sein Bestehen beweisen zu wollen und stellte sich auf eine Stufe mit Ihm. Da man keine Beweise fand (oder sie nicht finden wollte) machte man bekannt, dass es Gott nicht gibt. Deswegen verkündete der Philosoph Nietzsche: „Gott ist tot". Er ist aber nicht tot, die Leute haben ihn nur in ihren Herzen begraben.

Ich erzählte Katja von meiner Erkenntnis und sie stimmte völlig mit mir überein. Von unseren Freunden teilten bei weitem nicht alle meine Ansichten, aber ihre Meinung spielte für mich nicht die geringste Rolle. Die Hauptsache war, dass ich eine große Wahrheit entdeckt hatte, die mir so viele Jahre verborgen geblieben war. Ich verspürte den Wunsch, mehr von Gott zu erfahren und begab mich deshalb für den Anfang in die nächstbeste Kirche.

Es war eine große Kathedrale, von innen und außen sehr reich verziert. Die Kuppel glänzte voller Gold, der Klang der Glocken ertönte laut und war über mehrere Kilometer zu hören. Beeindruckt von dem großartigen äußerlichen Aussehen der Kathedrale, betrat ich diese. Im Inneren herrschte eine Stille und im Halbdunkel brannten Kerzen, die vor den Ikonen aufgestellt waren. Der Geruch, der mir entgegenströmte, war mir neu. Das alles hatte etwas Geheimnisvolles an sich. Kaum ein Mensch befand sich in dem Saal und ich blieb in der Mitte stehen. Vor mir befand sich ein Kreuz mit der Figur des gekreuzigten Christus.

- Treten Sie zur Seite, der heilige Vater kommt – erklang eine Stimme von hinten. Widerwillig kam ich der Aufforderung nach und all meine Euphorie schwand. Ich hatte angenommen, dass ich Gott begegnen würde, aber stattdessen war ich in irgendeinem Haus gelandet. Das ließ mich sehr aufgebracht werden.

Ich verlor das Interesse an der Kathedrale, aber nicht am Schöpfer selbst. Meine Ansichten wollte ich mit niemandem teilen, da ich Angst hatte, vom richtigen Weg abgelenkt zu werden.

Einmal begegnete mir im Foyer eines Hotels ein Kerl mit einem Rucksack voller Bücher.

- Kaufen Sie eine beliebige und Sie lernen Gott kennen. Ihr Leben wird sich verändern, – drängte er mich.

Ich hielt es nicht aus und kaufte „Bhagavad Gita", das Lehrbuch der Krishna-Anhänger. Zu Beginn war es ziemlich interessant, da hier die Rede vom „Grund aller Gründe" war – Krishna. Aber vieles blieb für mich unerklärlich, beispielsweise die These, dass man sich zu einem gottesähnlichen Wesen entwickeln könne. Folglich wäre das Erschaffene in der Lage, selbst zum Erschaffer zu werden. Nun ist es aber schwer, sich vorzustellen, wie ein Kühlschrank zum Ingenieur werden soll, wo er doch selbst konstruiert wurde! Auch die Abhandlung über die Umsiedlung der Seelen war nicht wirklich überzeugend.

Bisher hat noch niemand von sich behaupten können, früher ein Hund oder eine Spinne gewesen zu sein. Und was das Gebet angeht, empfand ich auch das als einen großen Schwachsinn. Aus welchem Grund musste man wie ein Papagei andauernd „Hare Krishna hare hare" wiederholen? Verstand der Allmächtige etwa keine anderen Worte?

- Nein, das ist wirklich nichts für mich. Wenn Gott sich mir selbst offenbart hat, werde ich nicht auf andere hören, die irgendwelche Märchengeschichten darüber erzählen, wie ich Ihn am besten kennenlerne, – entschied ich. Danach interessierte ich mich für den Islam. Ich fand heraus, dass die Moslems Gott nicht kennen, Ihn als eine Art Fiktion betrachten und sich in ständiger Angst vor Ihm befinden. Gott ist für sie unerreichbar und unerklärlich. All ihre religiösen Behauptungen basieren auf den Aussagen eines einzelnen Propheten. Aber entsprachen seine Visionen und Offenbarungen der Wahrheit? Er war doch bloß ein einfacher Mensch gewesen!

Die nächste Station auf meiner Suche nach Gott war Yoga.

- Es ist gesund für Körper und Geist. Die Hauptsache ist, dass du die Wahrheit erkennst, – riet mir ein Bekannter.

Ich fing an zu trainieren und nahm bizarre Posen ein.

- Stell dich auf den Kopf, das fördert die Konzentration, – sagte man mir.

Ich konzentrierte mich... – aber nur darauf, nicht zu fallen. Nach diesen Übungen hatte ich große Kopfschmerzen und stellte das Training wieder ein.

In einer Zeitung entdeckte ich einen Artikel über den Buddhismus, wo von der geistlichen Erweckung des Menschen die Rede war. Unserem Leid könne durch die Selbstentwicklung und die Erlangung der höchsten Ebene, des Nirwana, ein Ende gesetzt werden. Nur über Gott konnte ich dort nichts Näheres finden. Das Erlangen des Nirwana war für mich nicht mehr als eine Auseinandersetzung mit der Realität. Der Buddhismus brachte mich demnach nicht näher zu Gott, sondern führte mich in eine Sackgasse.

Vom Judentum blieb ich auf Abstand, da ich kein religiöser Jude mit einer Kippa auf dem Kopf werden wollte. Ich hielt mich für einen gläubigen Menschen, der seinen Schöpfer ehrt, Ihn aber nicht finden konnte. Zwischen mir und Ihm existierte eine unüberwindliche Mauer und ich hatte keine Kraft, diese zu zerstören. Ich besaß eindeutig nicht genügend Verstand, um mich mit dieser Sache auseinanderzusetzen.

Die Antarktis

Das Leben lenkte es derart, dass ich meinen Arbeitsplatz gegen einen besser bezahlten eintauschen konnte. Ich wurde mit der Sowjetischen Antarktis-Expedition losgeschickt, um den „weißen Kontinent" zu erforschen. Die Antarktis repräsentiert nichts anderes als eine gigantische Schneewüste. Ein kleiner Teil der Oberfläche besteht aus Bergen, die einige sonderbare Gebirgsketten bilden. Ihr Gebirgsfuß ist unter einer massiven Eisschicht versteckt. An diesem Ort ist praktisch kein Leben vorhanden – die ewige Kälte lässt es einfach nicht zu. Die weiße Stille wird nur vom monotonen Pfeifen des Windes unterbrochen. In diesem Eisreich erkannte ich zum ersten Mal meine eigene Winzigkeit.

Der Hubschrauber war unser wichtigstes Transportmittel. Einmal landete unsere Forschungsgruppe in der Mitte eines etwas weiter entfernten Bergmassivs, der die Form eines riesigen Amphitheaters hatte. Nachdem wir das Gebirge untersucht hatten, verluden wir die geologischen Muster in die Maschine und begannen langsam wieder an

Höhe zu gewinnen. Ich saß in der Kabine zwischen den zwei Piloten und war für die Navigation zuständig.

- Schau, wohin wir getrieben werden! – hörte ich auf einmal den ersten Piloten rufen. Ein plötzlicher Windstoß erfasste den Helikopter und zog ihn ruckartig direkt auf die steilen Berge zu.

- Mehr Gas, mehr Drehzahl!...

- Es geht nicht weiter, wir sind am Limit! Der Wind ist zu stark, die Maschine zieht nicht...

Das Gebirge kam rasch auf uns zu und zog uns an wie einen Magneten. Ein Zusammenprall würde auf jeden Fall das Ende für so ein kleines Ding wie unseren MI-8 bedeuten! Und selbst wenn jemand auf wundersame Art überleben sollte, käme alle Hilfe für ihn zu spät – die nächste Station befand sich mehrere hundert Kilometer von unserem Standpunkt entfernt.

- Gott, hilf! – brach es aus mir heraus.

Plötzlich erfasste uns ein entgegengesetzter, heftiger Windstrom, stieß uns von den Bergen ab und trug uns nach oben über die Gebirgskette. Das war ein unglaubliches Wunder! Wer war mein Retter? Meinem verzweifelten Hilfeschrei konnte nur der Große Gott geantwortet haben. Es war verwunderlich und eigenartig, dass Er mich, einen einfachen Menschen, gehört und sich um mich gekümmert hatte!

Mir hatte einmal jemand gesagt, dass man in der Bibel Antworten auf alle Fragen findet. Kurzentschlossen kaufte ich mir eine in Maputo, der Hauptstadt von Mosambik, wo wir Zwischenhalt auf dem Weg in die Antarktis gemacht hatten. Dieses kleine Buch, das leicht in meine Hosentasche passte, kostete nur einen halben Dollar. Aber ich verstand nichts von dem, was ich dort las. Ich war beleidigt. Warum konnte mich, einen gebildeten Menschen, der Inhalt dieses Buches nicht erreichen?

Auf dem Rückweg nach Leningrad warfen wir in Antwerpen die Anker. Ich verließ das Schiff und begab mich ans Ufer.

- Wer sind Sie und woher kommen Sie? – fragte mich ein fremder Mann auf Englisch.

Ich spitzte meine Ohren. So viele Jahre waren wir vor möglichen Werbungen und Spionageaktivitäten gewarnt worden! Aber das Gesicht vor mir strahlte Wärme und Güte aus.

- Ich bin Polarforscher, genauer gesagt Geologe. Wir befinden uns auf dem Heimweg.

- Wie lange waren Sie nicht zu Hause?

- Sieben Monate.

- Haben Sie eine große Familie?

- Eine Frau und drei Kinder.

- Oh, Sie sind ein reicher Vater! Kinder – das ist ein Geschenk Gottes.

- Ja, natürlich, – stimmte ich ihm zu. - Und was machen Sie hier?

- Ich bin Missionar. Meine Aufgabe ist es, Menschen zu Gott zu führen und ihnen von Ihm zu erzählen. Sind Sie gläubig?

- Ich glaube an Gott.

- Kennen Sie Ihn persönlich?

- Ich denke nicht, – ich zuckte mit den Schultern.

- Gott erzählt den Menschen in der Bibel etwas über sich selbst. Haben Sie sie gelesen?

- Ich habe es versucht, aber nichts verstanden.

- Dann lesen Sie aus dem Römerbrief den neunten Vers im zehnten Kapitel.

Als ich wieder in meine Kajüte zurückkehrte, schlug ich diese Stelle auf, wo geschrieben stand: „...wenn du mit deinem Munde Jesus als den Herrn bekennst und in deinem Herzen glaubst, dass Gott ihn von den Toten auferweckt hat, so wirst du errettet."

Mir war nicht ganz klar, wovon dort die Rede war. Mit dem Herzen glauben, dass Gott Jesus von den Toten auferweckt hat? Was sollte das bringen? Was bedeutete ‚den Herrn bekennen'? Vor was und von wem sollte ich gerettet werden?

Der Wendepunkt

In Leningrad angekommen, erfuhr ich, dass eine große Wende bevorstand. Die Sowjetunion, eine unbesiegbare Weltmacht, brach in sich zusammen. Im ganzen Land herrschte überall ein großes Chaos. Das Geld reichte vorne und hinten nicht mehr und die Preise schossen in die Höhe.

Es wurde bekannt gegeben, dass Deutschland Juden als Emigranten aufnahm. Wieso also nicht die Möglichkeit ergreifen und von hier wegziehen, irgendwohin, wo man normal leben konnte? Wir wandten uns an das deutsche Konsulat und meldeten uns für eine Emigration an. Zum ersten Mal in meinem Leben erfuhr ich dadurch einen Vorteil, dass ich Jude war.

Während wir darauf warteten, bald abreisen zu können, vergingen zwei Jahre. An einem warmen Juliabend saßen wir in unserem Ferienhaus. Samstag – ein wunderbarer Tag, an dem man sich von der Arbeit und der städtischen

Hektik erholen konnte! Wir machten uns auf den Weg in den nächsten Laden, um Lebensmittel einzukaufen. Die Inhaber waren Bekannte von uns, deren Handelsgeschäft blühte. Hinter der Theke stand der Besitzer selbst, mit einem breiten Grinsen auf seinem Gesicht.

- Das sind unsere letzten Arbeitstage. Bald zieht hier ein neuer Eigentümer ein.

- Wanja, hast du etwa einen neuen Laden aufgemacht? – wunderte ich mich.

- Nein, ich bin zum Glauben gekommen und werde jetzt Gott dienen.

- Ich glaube auch an Gott, aber muss man deshalb gleich seine Arbeit hinschmeißen?

- Kolja, mein Leben hat sich komplett verändert! Ich bin wiedergeboren, also ein ganz neuer Mensch. Ich will keine Geschäfte mehr machen, sondern werde Jesus Christus dienen.

- Warum ausgerechnet Jesus Christus?

Da noch weitere Leute in der Schlange standen, beschlossen wir, das Gespräch später am Abend fortzusetzen.

- Ich bin Christ geworden, – sagte Ivan. - Das bedeutet, dass Jesus Christus für mich am Kreuz auf Golgatha für meine Sünden gestorben ist. Mir wurde verziehen und ich bin jetzt mit Ihm, für alle Ewigkeit.

- Woher diese Gewissheit? – verlangte ich zu wissen.

- Es wurde mir versprochen!

- Wer konnte dir so etwas versprechen? Die Ewigkeit gehört nicht uns. Alles, was die Leute über das Leben nach dem Tod sagen, – sind Hirngespinste. Niemand hat bisher darüber berichten können.

- Gott hat es mir versprochen. Nur er hat das Recht, das zu tun.

- Wie hat er mit dir geredet?

- Durch sein Wort. Er offenbart sich uns durch die Bibel.

- Du liest die Bibel?

- Man kann nicht sagen, dass ich sie lese. Ich bin süchtig nach ihr.

Wie hatte er den tieferen Sinn der Bibel verstehen können? Gab es dafür etwa eine spezielle Lesemethode?

- Für mich ist das alles leider unverständlich, – musste ich zugeben.

- Du hast dich nicht bekehrt und Gott zugewandt. Du gehörst nicht zu Ihm und der Heilige Geist hat dich nicht berührt.

- Was für ein heiliger Geist? Etwa in Form einer Taube, die von oben herunterkommt?

- Kolja, du wirst durch eine riesige Wand von Gott, den du erkennen möchtest, getrennt. Das ist deine Sünde, die tief in dir drin sitzt.

- Willst du etwa behaupten, ich sei ein Sünder? – Ich versuchte so zu tun, als wäre ich beleidigt.

- Wir sind alle Sünder. Aber mir wurde von Gott verziehen. Die Mauer zwischen mir und Gott existiert nicht mehr. Ich kann zu jedem beliebigen Zeitpunkt mit Ihm reden, ihn um Rat fragen oder mit einer Bitte zu Ihm kommen.

- Einmal hat Er mich erhört. Aber ich weiß nicht, wie ich Ihn kennenlernen soll...

- Nun, stell dir vor! Unser Gott ist in Gestalt eines Menschen auf der Erde gewesen!

- Wie denn das?

- Er kam als Jesus Christus. Glaubst du das?

- Ehrlich gesagt, nicht so ganz.

- Das ist auch dein Problem. Man darf nicht versuchen, Gott zu verstehen. Man muss an Ihn glauben. Und Sein Sohn macht den Glauben an Ihn möglich. Der große Schöpfer schickte uns Jesus Christus, der am Kreuz auf Golgatha gekreuzigt wurde. Er war unschuldig und starb trotzdem für die Sünden von jedem einzelnen von uns.

Ich hatte diese Worte schon früher einmal gehört, ihnen aber keine Beachtung geschenkt. Doch jetzt, in jenem Augenblick, wusste ich, dass sich etwas sehr Schwerwiegendes in meinem Leben ereignete.

- Du musst den ersten und äußerst wichtigen Schritt machen, den du bis jetzt noch nicht gegangen bist, – fuhr Ivan weiter fort. - Du musst vor Gott für alle deine Sünden Buße tun und in erster Linie dafür, dass du bisher die ganze Zeit ohne Ihn gelebt hast.

- Aber ich glaube doch an Ihn!

- Viele glauben an Ihn, aber sich persönlich zu Ihm bekennen tun bei weitem nicht alle. Den Menschen fällt es schwer, sich selbst als ein sündiges Wesen anzuerkennen. Jeder von uns versucht, sich für seine Taten zu rechtfertigen. Willst du etwa nicht ewig mit Gott leben?

- Auf jeden Fall will ich das! Man muss doch verrückt sein, um das nicht zu wollen!

- Was hindert dich dann daran, es zu tun?

- Eigentlich nichts. Ich bin bereit.

- Dann musst du beten und Gott darum bitten, dir deine Sünden zu vergeben. Lass Ihn in dein Herz hinein und Er wird dich mit dem Heiligen Geist erfüllen. Du musst Ihm dafür dankbar sein, dass Er dir die Möglichkeit gibt, durch das Blut zu Ihm zu kommen, das auf Golgatha von Seinem geliebten Sohn Jesus für dich vergossen wurde.

In meinem Kopf begann sich alles zu drehen. Ich hatte noch nie vorher gebetet, das eine Mal im Hubschrauber ausgenommen. Aber jetzt stand mir etwas Ewiges und Herrliches bevor. Meine Augen schlossen sich wie von selbst und ich sagte:

- Mein Vater im Himmel! Vergib mir Sünder! Ich habe so viele Jahre ohne Dich gelebt. Nimm mich an! Erlaube mir, mich Deinen Sohn nennen zu dürfen und immer bei Dir zu sein...

Während unseres Gesprächs ging der Abend in die Nacht über. Sie war kurz, diese „weiße Petersburger Nacht", und als ich das Haus verlassen hatte, sah ich im Osten am Horizont die Sonne aufgehen. Mit jeder Minute wurde es heller, genauso, wie es in meiner Seele heller wurde. Die Finsternis, die mich mein ganzes Leben hindurch gefesselt hatte, die mich mit ihrer Trostlosigkeit mutlos gemacht hatte, wich von mir, als ob sie sich im Licht auflösen würde. Ein neuer Tag voller Freude und Zuversicht begann. Ein von Gott gesegneter Tag. Ich fühlte in mir eine unglaubliche Leichtigkeit. Die alten Bäume im Garten kamen mir vor wie neu, sogar der Vogelgesang war nun anders. In ihrem mehrstimmigen Chor priesen sie den Herrn. Mein Herz füllte sich mit Freude darüber, dass ich endlich denjenigen gefunden hatte, auf dessen Suche ich so lange gewesen war.

Ich lese die Bibel

Mit Gott in meinem Herzen kam ich nicht mehr zur Ruhe. Ich musste Ihn verstehen und mich Ihm noch mehr nähern. Vor mir lag eine Bibel. Unvermittelt streckten sich meine Hände nach ihr aus, ich schlug die ersten Seiten auf und begann zu lesen...

Die Erschaffung des Menschen, seine erste begangene Sünde, das erste vergossene Blut, die Sintflut – es waren keine weiteren Kommentare nötig, um das zu verstehen. Für mich war jede einzelne Zeile schlüssig. Es kam mir vor, als ob der unsichtbare Schleier, der mich früher daran gehindert hatte, das alles nachzuvollziehen, von mir wich. Ich kam bis zum zwölften Kapitel des Buches Genesis, wo Gott Abraham gebietet, seinen Wohnort zu verlassen und in das verheißene Land zu ziehen. Als der

Patriarch die Worte des Schöpfers gehört hatte, machte er sich ohne Verzögerung auf den Weg. Der Allmächtige schloss mit ihm einen ewigen Bund. Der alte Abraham hatte keine Kinder, aber Gott schenkte ihm einen Sohn namens Isaak. War das nicht ein Wunder? Die Frau Abrahams, Sarah, war zu der Zeit schon neunzig Jahre alt gewesen! Menschen können vieles versprechen und halten es nicht immer ein. Aber nicht so der allwissende Gott – bei Ihm bleibt kein Versprechen unerfüllt.

Abraham dachte nie über Gottes Anweisungen nach, sondern befolgte diese, ohne zu zögern. Als von ihm verlangt wurde, seinen einzigen Sohn als Opfer darzubringen, zweifelte er nicht und legte Isaak auf den Altar. Damit hatte er seinen Glauben und die Bereitschaft, Gott zu folgen, unter Beweis gestellt. Man muss also nicht nur an Gott glauben, sondern Ihm auch glauben.

-... habe keine Angst, Abraham; ich bin dein Schild, – sagte der Schöpfer dem Patriarchen.

Und tatsächlich stand Gott bei den vielen Versuchungen und Schwierigkeiten stets hinter ihm.

Mein ganzes Leben lang war Gott auch mein Schild gewesen. Er hatte mich in der Taiga vor dem Bären bewahrt, mich durch die Tiefe des Wasserfalls geführt und genau in das schon gelandete Boot gesetzt, durch die Spalten eines Gletschers geleitet und im Hubschrauber gerettet. Außerdem hatte ich durch Seinen ausgestreckten Arm zu Ihm gefunden.

Ich konnte mich von dem Buch nicht mehr losreißen. Isaak hatte einen Sohn namens Jakob. Dieser strebte nach dem Segen des Allmächtigen, den er sehr hoch schätzte. Beharrlich bat er Gott darum, er rang sogar mit Ihm, wofür er von Ihm einen besonderen Namen erhielt – Israel. Seine zwölf Söhne waren der Ursprung des jüdischen Volkes, das ebenfalls den Zweitnamen Jakobs tragen würde – Israel.

Ich musste zugeben, dass ich selbst jemand war, der mit Gott gekämpft hatte, wenn auch in einem anderen Zusammenhang. Dreiunddreißig Jahre meines Lebens hatte ich ohne Ihn verbracht, während ich Ihm in meiner Seele gegenüberstand und mit Ihm rang. Und trotz der Tatsache, dass ich ohne Ihn lebte, durfte ich Seine Barmherzigkeit genießen, die ich überhaupt nicht verdiente...

Gottes Versprechen, bei Abraham zu sein, ging auch auf seine Nachkommen über. Der Allmächtige gab den Juden den Vorzug, beschützte sie vor jeglichem Leid und nannte sie Sein Volk. „Ich will segnen, die dich segnen, und verfluchen, die dich verfluchen" – wurde Abraham offenbart.

Von Hunger getrieben, siedelte sich Jakob mit seinen Söhnen und deren Familien – insgesamt siebzig Menschen – in Ägypten als willkommener Gast an. 400 Jahre später war deren Zahl auf über eine Million angewachsen! Der ägyptische Pharao fürchtete, dass die Juden die Herrschaft in seinem eigenen Land übernehmen würden, weshalb er damit begann, sie einzuengen. Letztendlich wurden sie zu Sklaven des Staates und waren unter großen Qualen beim Bau der Pyramiden tätig. Israel drohte die komplette Ausrottung, doch Gott ließ die Vernichtung seines eigenen Volkes nicht zu, sondern wandte sich durch Moses an den ägyptischen Pharao, indem Er diesen dazu aufrief, Sein Volk ziehen zu lassen.

Der stolze Herrscher weigerte sich so lange, bis Gott veranlasste, dass dessen Erstgeborener genauso wie jeder andere Erstgeborene in den ägyptischen Familien starb. Nur an den Häusern der Juden zog der Tod vorbei.

Letzten Endes ließ der Pharao Gottes Volk in die Freiheit ziehen. Die Juden machten sich mit all ihrem Hab und Gut auf den Weg, stellten jedoch bald fest, dass sie von den Ägyptern verfolgt wurden. Vor ihnen befand sich das Meer und es gab keinen Ausweg. Aber das konnte nichts an Gottes Plan, Israel zu retten, ändern – das Wasser teilte sich und Israel ging auf dem trockengelegten Meeresgrund hindurch. Die schnellen ägyptischen Streitwagen setzten ihnen nach, doch sie wurden vom Wasser, das wieder in sich zusammenbrach, verschlungen. Das klang alles wie ein Märchen, doch vor kurzem las ich einen Artikel darüber, dass Taucher auf dem Grund des Roten Meeres – also genau dort, wo dieses Ereignis stattgefunden hatte – eine große Anzahl von gut erhaltenen Streitwagen, die zweifelsfrei der Armee des alten Ägypten zugeordnet werden konnten, gefunden hatten... Dadurch wurde mir bewusst, dass die Bibel keine Beweise benötigt.

Nachdem es das Meer auf eine so wundersame Weise durchquert hatte, setzte das Volk seine Reise in der Wüste weiter fort. Israel ging nicht aufs Geratewohl voran, denn Gott führte es. Auf dem Berg Sinai wurde den Juden durch Moses die Torah übergeben, welche die Gesetze beinhaltete, nach denen sie sich im Bund mit dem Schöpfer richten sollten. Gott kümmerte sich um Sein Volk und sah alles für es vor.

Gott schenkte den Juden auch das Verheißene Land, das ihnen höchst wohlwollend gesonnen war. Israel bildete seinen eigenen Staat und der Allmächtige lenkte diesen durch Seine Richter. Als Israel so wie seine Nachbarn einen König haben wollte, sprach Gott ihm einen solchen zu, den er aus dem Volk dazu bestimmte. Während der Herrschaft Davids und Salomos war das Israelische Königreich mächtig wie nie zuvor. In meinem Herzen entstand eine unbeschreibliche Freude, denn ich gehörte zu diesem auserwählten Volk. Wie hatte ich mich früher nur dafür schämen können... Ein Jude zu sein, ist keine Schande, sondern ein Segen!

Hat Israel immer auf Gott gehört? Leider nein! Es gab mehr heuchlerische Könige als aufrichtige. Die Anbetung von Götzen entfernte Gottes Volk immer weiter von seinem Schöpfer. Oft beteten die Juden die fremden Götter ihrer Nachbarn an. Mehrmals sprach Gott durch seine Propheten, aber nur selten wurde auf diese gehört. Schließlich wurde es Gott zu viel: Ein riesiges babylonisches Heer besetzte das Land, zerstörte Jerusalem und nahm das jüdische Volk gefangen. Erst siebzig Jahre später durfte es wieder zurückkehren und den Tempel neu aufbauen, um dort seinem Schöpfer zu dienen. Die vom vielen Leid geprägte Geschichte hörte hier aber noch nicht auf. Im Laufe der Zeit wurde der südliche Teil des Landes, Judäa, von den Römern erobert. Nun warteten die Juden auf ihren Befreier, anders gesagt, auf den Messias, von dem die Propheten sprachen. Es wurde vorhergesagt, dass er aus dem Stamm Juda kommen würde (1. Mose 49,10), der Nachfolger auf dem Thron Davids sein (Jes. 9,7) und in Bethlehem von einer Jungfrau (Jes. 7,14) geboren werden würde (Micha 5,2). Zudem würde er in Galiläa dienen (Jes. 9,1-2), von seinem eigenem Volk verstoßen und zusammen mit Verbrechern gekreuzigt werden (Jes. 53,3.12), zwischen Wohlhabenden bestattet werden (Vers 9) und am dritten Tag nach seinem Tod auferstehen (Ps. 15,10).

Genauso ist alles eingetroffen. Das Lukasevangelium berichtet darüber, dass in einem kleinen und bescheidenen Ort namens Bethlehem dem Zimmermann Josef – welcher ein Nachfahre König Davids war und zum Stamm Juda gehörte – und seiner Frau Maria der Junge Jeschua geboren wurde. Daran ist die Tatsache verwunderlich, dass Maria eine Jungfrau war. Das klingt höchst unglaubwürdig! Das kann nicht sein und daran kann man eigentlich kaum glauben! Aber genauso waren auch all die anderen Wunder beschaffen, die Gott für Sein Volk getan hat.

Im Bauch der von Ihm auserwählten Maria zeugte er Seinen Sohn. Trotz seiner Göttlichkeit kam Er als ein einfacher Mensch auf die Welt. Wie es nach jüdischem Gesetz üblich war, wurde er am achten Tag beschnitten und verbrachte sein ganzes irdisches Leben wie ein rechtschaffener Jude. Aus dem Griechischen ist uns der Name „Jesus" bekannt. Der Beiname „Christus" lautet auf jüdisch „Maschiach", was „Messias" oder „Erretter" bedeutet. Jesus lehrte das Volk viel über die Liebe, genau das, was uns bis heute so fehlt. Er redete mehrmals wie ein „Machthaber", aber nicht wie ein Herrscher über sein Imperium, sondern wie ein Gott!

Jeschua kam als Messias, um Sein Volk zu retten. Aber die Juden nahmen Ihn nicht an, in Erwartung auf einen anderen Befreier, der Israel mit Gewalt der Hand der Römer entreißen würde. Denn genau in dieser politischen Handlung sahen sie ihre Errettung. Jesus predigte jedoch von dem Erbe des ewigen himmlischen Königreichs. Das religiöse Oberhaupt wollte davon aber nichts hören, sondern stellte Christus als Gesetzesbrecher dar und beschuldigte Ihn der Gotteslästerung. Bald darauf wurde Er verurteilt und vor dem jüdischen Passahfest wie ein Schwerverbrecher gekreuzigt.

Die Propheten berichten darüber, dass ausgerechnet der Messias für die Sünden der Menschen als Opfer dargebracht werden würde (Jes. 53,4-5). Wozu war ein Opfer nötig? Weil ohne es eine Versöhnung mit Gott unmöglich gewesen wäre. Alles hatte im Garten Eden begonnen, als Adam und Eva gegen den Willen Gottes handelten. Dafür waren sie von dort vertrieben worden und der Schöpfer gab ihnen Kleidung, das aus dem Leder getöteter Tiere gefertigt war. So wurde unschuldiges Blut für die Sünde vergossen, die die ersten Menschen begangen hatten.

In der Torah wird explizit über die Opfergabe berichtet, denn nur durch das Blut konnte eine Versöhnung des Menschen mit dem Allmächtigen herbeigeführt werden. Jeder Israelit musste Gott als Ersatz für ein begangenes Unrecht etwas hergeben. Dazu war es nötig, seine Hände auf ein Tier zu legen, sich mit diesem zu identifizieren und es als Opfer für seine eigenen Sünden darzubringen. In der Regel war es ein einjähriges Lamm, das an seinem Körper keinen einzigen Makel hatte.

Jesus, der sich für unsere Sünden geopfert hat, war selbst frei von der Sünde, die uns von Adam als Erbe übertragen worden ist. Er gab sich selbst als Opfer für jeden Einzelnen von uns hin. Hatte ich damals bei meinem Gebet als ein reuiger Sünder die ganze Tiefgründigkeit des Planes Gottes für mich verstanden? Der allmächtige Gott schickte mir, einem einfachen Menschen, Seinen Sohn, um Ihn für mich zu opfern, genauer gesagt für die Vergebung der Sünden, die ich vor Ihm begangen hatte!

Derjenige, der das nicht versteht und dieses Opfer am Kreuz nicht annimmt, hat kein richtiges Ziel im Leben. Man kann noch so viele Schätze und großes Ansehen auf der Erde besitzen; niemand darf all das nach dem Tod mitnehmen. Die Bibel hat mir deutlich gezeigt, dass unsere unsterblichen Seelen vor dem Schöpfer in ihrer Nacktheit dastehen werden.

Gott hatte mich die ganze Zeit über zu dem Zweck beschützt, dass ich diese Wahrheit erkannte und Seinen Sohn – also meinen einzigen Erretter – als meinen persönlichen Messias annahm. Die Mauer der Sünde, die mich vom Allmächtigen trennte, wurde durch das Opfer Jeschuas zerstört. Keine Herrlichkeit dieser Welt kann sich mit der Güte messen, die uns unser Vater im Himmel schenkt!

Es ist merkwürdig, aber unter meinen jüdischen Bekannten gab es niemanden, der voll und ganz daran glaubte, dass Jesus Gott ist. Tatsächlich verstieß Ihn der Großteil von ihnen. Ich verstand überhaupt nicht, weshalb Gottes Volk seinen Messias nicht anerkannte. Obwohl sie von Gott auserwählt waren, nahmen sie Sein Opfer für sich selbst nicht an. Was war geschehen, dass Israel seinen Maschiach nicht würdigte?

Ein wenig aus der Geschichte Israels

„Abraham glaubte dem Herrn, und das rechnete Er ihm als Gerechtigkeit an", so steht es im 1. Buch Mose (15,6). Das bedeutet, dass unser Stammvater Abraham die Errettung und das ewige Leben nicht aufgrund seiner guten Taten empfangen hat, sondern ausschließlich dank seines unerschütterlichen Glaubens an den Allerhöchsten. Seinen Nachfahren wurde die Torah gegeben, damit sie Gott für die ihnen erwiesene Gnade und die Möglichkeit, mit Ihm zusammen zu sein, Dankbarkeit und Liebe entgegenbrächten. Die Weisungen Gottes haben die Frage: „Was muss ich tun, um gerettet zu werden?" nicht wirklich beantwortet. Doch allein die Tatsache, dass Israel die Torah erhielt, zeugt von einer besonderen Zuneigung Gottes Seinem Volk gegenüber.

Aus Babylon zurückgekehrt, wollten die Juden einen neuen Anfang machen. Sie hatten verstanden, dass ihre Knechtschaft der Lohn für die Abkehr von den Geboten Gottes und die Anbetung fremder Götter war. Es entstanden ganze theologische Schulen, die Vorschriften darüber sammelten, wie man die Gebote richtig einzuhalten hatte. Die Menschen begannen dabei jedoch das Wichtigste zu vergessen – die Errettung hängt nicht von der Befolgung der Gebote ab, sondern ausschließlich vom Willen des Allerhöchsten und seiner Gnade. Zu jenen Theologen gehörten auch die Pharisäer. Genau diese Personen hat Jeschua kritisiert, als er sie mit „getünchten Gräbern" verglich (Lk. 11,44). Von außen sahen sie schön aus, aber innen waren sie voller Totengebeine. Natürlich hießen die meisten eine solche Kritik nicht willkommen. Mehr noch, einige führten Debatten mit Ihm, um Ihn einer Irrlehre zu überführen. Es ist schwer vorstellbar, aber die Menschen haben Gott tatsächlich Blasphemie vorgeworfen! Einer kleinen Gruppe von Pharisäern gelang es schließlich, die Juden davon zu überzeugen, dass Jeschua die Wunder mit Hilfe dämonischer Kräfte herbeiführte. Sie organisierten eine falsche Anklage gegen Ihn und verurteilten den Messias zum Tode durch Kreuzigung. Diese ungeheuerliche Form der Hinrichtung wurde im Römischen Imperium nur über Staatsverbrecher verhängt. Die Qualen einer am Kreuz hängenden Person waren schrecklich. Aber anders hatte es nicht sein können – denn genau in diesem Kreuzestod lag der Heilsplan Gottes für die Menschen.

Jeschua musste sterben und dann wieder auferstehen. Das haben die Propheten immer wieder erwähnt.

Nach seiner Auferstehung von den Toten sind vielen die Augen geöffnet worden und die Zahl derjenigen, die an Jesus glaubten, nahm stets zu. Man bezeichnete die Gesamtheit dieser Personen sogar als eine jüdische Sekte. Das lebendige Wort Christi wurde von nun an nicht mehr nur den Juden gepredigt, sondern auch den Heiden im ganzen Römischen Reich.

Der ersehnte Frieden in Palästina blieb nichtsdestotrotz aus. Das Volk hatte nicht vor, sich mit der römischen Macht anzufreunden. Die Forderung des Kaisers Caligula, überall heidnische Götzen aufzustellen, und die Plünderung des Jerusalemer Tempels durch den römischen Thronfolger führten in den Jahren 67-71 zum jüdischen Aufstand. Dabei ist es korrekter, von einem Krieg zu sprechen, der ausbrach, und den man den „Jüdischen Krieg" nannte.

Nachdem die Römer einige Niederlagen einstecken mussten, schlossen sie ihre Streitkräfte zusammen und vernichteten die Städte mitsamt den verteidigenden Aufständischen eine nach der anderen. Letztendlich erreichten sie Jerusalem und blockierten alle Zugänge, so dass niemand die Stadt verlassen konnte. Jeschua hatte seine Jünger vierzig Jahre vor der Belagerung vor diesem schrecklichen Ereignis gewarnt. Deshalb schickten sich die an den Maschiach gläubigen Juden an, mit ihren Familien in die Berge zu entkommen, sobald sie die römischen Legionen sahen. Nur so konnten sie sich vor dem Tod retten. Die alte Stadt hingegen wurde bis auf die Grundfesten zerstört und alle Verteidiger niedergemetzelt. Im Laufe des Krieges sind laut antiken Schreibern 600.000 Menschen getötet worden; die Zahl derer, die an

Hunger starben oder in die Sklaverei verkauft wurden, lässt sich nicht bestimmen. Dennoch musste das stolze Rom viel Mühe aufbringen, um die Juden zu bändigen. Die Römer verachteten das jüdische Volk anschließend so sehr, dass sich kein einziger Imperator den Titel „Sieger über die Juden" zusprechen lassen wollte.

Als ich von diesen Ereignissen las, war ich über den Mut und die Ausdauer meiner Stammesleute erstaunt. Ich hatte sie mir immer als schüchterne Menschen vorgestellt, aber an dieser Stelle hatten sie eine unvorstellbare Manneskraft an den Tag gelegt. Einen solchen Widerstand hat kein anderes Volk geleistet, das von der Maschinerie des Imperium Romanum gebrochen wurde.

Im Jahr 130 entflammte ein neuer Aufstand. Um ganz Israel zu vereinen und es zum Kampf aufzufordern, hatte der berühmte und von jedermann geachtete Rabbi Akiba einen der Anführer des Aufstands als Messias ausgerufen. Man nannte ihn Bar-Kochba, den „Sohn des Sterns", denn eine alte messianische Prophetie über den aufgehenden Stern Jakobs musste sich in ihm erfüllen. Logischerweise waren die an den wahren Messias des jüdischen Volkes gläubigen Menschen gezwungen, die Reihen der Aufständischen zu verlassen, wofür sie unweigerlich als Verräter abgestempelt wurden. Dieses Stigma haftet ihnen bis zum heutigen Tag an…

Zu Beginn schien das Glück auf der Seite der Aufständischen zu sein. Die römischen Legionen verließen Jerusalem, Bar-Kochba wurde zum König ausgerufen und prägte sogar eigene Münzen. Aber einige Jahre später zerschlug Julius Severus auch diese Erhebung. Bei den Gefechten kamen etwa 580.000 Juden um. Der letzte

Versuch Judäas, seine politische Unabhängigkeit zurückzuerlangen, endete mit einem Misserfolg. Und im Jahr 135 starb Bar-Kochba an einem Schlangenbiss, ohne auch nur eine messianische Prophetie erfüllt zu haben.

Die Kirche Jesu fand unabhängig davon immer mehr Befürworter und wuchs stetig an. Man hetzte gegen sie, aber dank der Verfolgungen wurde der Glaube der Nachfolger Jesu umso stärker. Die Gemeinden, die früher fast nur aus Juden bestanden, füllten sich mit Nichtjuden, also Heiden, die sich unter der Führung des Heiligen Geistes mit Freuden der Gnade Gottes anschlossen.

Im Jahr 313 geschah ein denkwürdiges Ereignis – der römische Kaiser Konstantin verabschiedete eine Verordnung über die Glaubensfreiheit. Bald darauf wurde das Christentum, also die Lehre Christi, zur Staatsreligion im Römischen Imperium. Ist Konstantin ein wahrer Christ gewesen? Vielmehr benötigte er eine solche Religion, um mit deren Hilfe sein riesiges Reich regieren zu können. Etwas später, im Jahr 325, beschloss das Konzil von Nicäa, dass es nicht gestattet sei, in Gemeinschaft mit den Juden deren Bräuche zu feiern, weil ihre Hände mit dem Blut Christi befleckt seien. Demzufolge zelebrierte man das Passah zu einer anderen Zeit, um in Zukunft mit den Juden nichts mehr gemein zu haben. Obendrein wurde der besondere Tag der Ruhe, der von Gott für Sein Volk bestimmt war – bekanntlich der Samstag –, auf den Sonntag verschoben. Das bot sich an, da zuvor der Sonnenkult mit dem Sonntag als freien Tag als offizielle Religion gegolten hatte. Bis heute wird dieser Tag in vielen europäischen Sprachen „Tag der Sonne" genannt. Der 25. Dezember war bei den Römern als der „Geburtstag der Sonne" bekannt und kennzeichnete den wichtigsten Feiertag des Imperiums. Auf Anweisung Konstantins hin feierte man nun genau an diesem Tag Weihnachten, den Geburtstag Christi. Es entwickelte sich sogar der so genannte „christliche Antisemitismus", der nicht die Lehrmeinung der Kirche darüber berücksichtigte, dass alle Menschen Christus mit ihren Sünden mehrmals gekreuzigt haben. Dabei befanden sich unter den Juden nicht wenige Personen, die den gekreuzigten Messias bemitleidet hatten. Man darf deshalb die Verantwortung für Seinen Mord nicht dem gesamten jüdischen Volk auferlegen. Zudem hätte jeder Beliebige im Lager der römischen Legionäre, die Jeschua gegeißelt und ans Kreuz genagelt hatten, dienen können: Germanen, Libyer, Griechen,… Die Schuld liegt insofern bei allen Menschen.

Die falsche Auslegung des Bibeltextes: „Es gibt weder Grieche noch Jude…" (Gal. 3,28) führte dazu, dass man von den Juden forderte, sich von allen jüdischen Traditionen inklusive Feiertagen abzuwenden. Die Römer blieben Römer, Griechen blieben Griechen und die Germanen Germanen. Nur für die Juden als Volk gab es keinen Platz mehr in der Kirche, die durch ihren Messias Jeschua gegründet worden war.

Die Theologen begannen zu lehren, dass die christliche Kirche Israel komplett abgelöst habe und alle Verheißungen des Alten Testamentes sich von nun an auf erstere bezögen. Das jüdische Volk hatte laut dieser Doktrin die Gunst Gottes verloren und wandelte unter einem Fluch. Eine nicht unwichtige Rolle im Prozess des Ausschlusses der Juden aus dem Christentum spielten die Kreuzzüge. Papst Urban rief im Jahr 1096 das Ziel aus, das Heilige Land von den Ungläubigen zu befreien, indem er zu einer militärischen Invasion in Palästina aufforderte. Es formierten sich Heeresverbände all jener, die gewillt waren, für die Befreiung des Grabes des Herrn in den Krieg zu ziehen. Einmal wurde sogar beschlossen, zuerst Ordnung im „eigenen Haus" zu schaffen. Daraufhin wurden in der Rheinebene zwölftausend unschuldiger Juden getötet. Als am 15. Juli 1099 eine Truppeneinheit der Kreuzritter in Jerusalem einfiel, floss laut Zeugenberichten das Blut bis zu den Knöcheln auf den Gassen. Die Eiferer der „Lehre der Liebe" trieben alle Juden in eine Synagoge und zündeten das Gebäude an.

Die Vernichtung der Juden auf den Scheiterhaufen des mittelalterlichen Europa war etwas durchaus Gewöhnliches. Man beschuldigte sie aller möglichen Vergehen, die man sich nur ausdenken konnte – des rituellen Menschenopfers christlicher Kinder, der Übertragung von Krankheiten, der Vergiftung von Wasserbrunnen, usw. Allein im Jahre 1348 wurden in ganz Europa etwa eine Million Juden deshalb vernichtet, weil man sie für die Ursache der Pest hielt. Das jüdische Volk, das die hygienischen Vorschriften, die im 13. Kapitel des Buches Levi aufgeschrieben sind, streng beachtete, war von dieser schrecklichen Krankheit nicht betroffen gewesen. Die Logik der Anklage war dennoch unkompliziert – wenn die Krankheit ihnen nichts anhaben konnte, dann waren genau sie diejenigen, die sie übertrugen.

Darüber hinaus versuchte die Inquisition, die jüdische Bevölkerung mit Gewalt zu katholisieren. Personen, die sich dieser „missionarischen Tätigkeit" widersetzten, erwartete der sichere Tod. Und dies alles wurde im Namen Jesu Christi verübt. Die konvertierten Juden nannte man in Spanien „Marranos", was „Schweine" bedeutete. Die Verbindung mit dem unreinen Tier, das dem Volk Gottes als Speise verboten war, sollte die ohnehin rechtlosen jüdischen Bürger der Pyrenäischen Halbinsel erniedrigen.

Die in ihrer Brutalität erschreckenden Pogrome in Osteuropa und schlussendlich der Holocaust der Nazis während des Zweiten Weltkriegs, der sechs Millionen Juden das Leben raubte, entziehen sich jeglicher Erklärungsversuche.

Was hatte die Menschen bewegt, die das Volk Gottes planmäßig vernichteten und sich dabei selbst „Christen" nannten? Woher kam dieser abgrundtiefe Hass? Vielleicht war er aus Neid gegenüber dem Wohl jüdischer Familien heraus entstanden – denn wo auch immer diese auftauchten, blühte der Handel, die Produktion und die wissenschaftlichen Ideen.

Wenn es sich nun diese „Jünger Christi" besah, verspürte Israel immer weniger Lust, an seinen eigenen Messias zu glauben.

Der Brief an die Römer

Es ist an der Zeit, sich dem Bibelvers zuzuwenden, den mir der Missionar aus Antwerpen aufgeschrieben hat. Er stand im Römerbrief. Apostel Paulus, der Autor dieses Schreibens, stammte aus einer hebräischen Familie und hatte für die damaligen Verhältnisse eine hervorragende Ausbildung zum jüdischen Rabbiner erhalten. Obwohl er sich im ganzen Tanach, dem Alten Testament, gründlich auskannte, verfolgte er die Jünger Jeschuas überall, wo es ihm nur möglich war. Davon überzeugt, dass er Gott diente, handelte er gegen Ihn und akzeptierte Jeschua nicht. Als jedoch der Herr selbst zu ihm sprach, nahm Paulus Ihn widerspruchslos mit Herz und Seele an. Er wurde zum einzigen Apostel, der den Messias nicht während dessen irdischen Wirkens sah.

Darin fanden sich sehr viele Parallelen zu meinem eigenen Leben wieder – denn auch ich hatte viele Jahre gegen den Allmächtigen gehandelt. Aber Er, der mich so liebte, reichte mir selbst Seine Hand, woraufhin ich Ihm ohne jeglichen Zweifel oder dazu überredet zu werden glaubte…

Paulus schrieb an die Gemeinde in Rom, welche aus Juden, die zum Glauben an ihren Maschiach gekommen waren, sowie aus nichtjüdischen Mitgliedern bestand.

In Kapitel 10, Vers 9 des Römerbriefes las ich nochmals: „Wenn du mit deinem Mund Jesus als den Herrn bekennst und in deinem Herzen glaubst, dass Gott Ihn aus den Toten auferweckt hat, so wirst du gerettet." Allmählich verstand ich den Sinn des Gelesenen. Ich musste nicht nur daran glauben, dass Jeschua mein Erlöser, also Messias ist. Meine Pflicht bestand zusätzlich darin, meinen rettenden Glauben vor anderen Menschen nicht zu verbergen. Ich durfte kein Doppelleben führen – entweder war ich mit Gott, oder ich lebte in meiner alten Welt ohne Ihn. Außerdem war Jesus jetzt mein Herr und niemand sonst. Und nur Er, der Auferstandene, konnte mich beim himmlischen Vater vertreten. Mein Glaube an Ihn musste von der festen Zuversicht auf Seine Auferstehung begleitet sein. Denn ein Messias, der nicht auferstanden ist, kann nicht eine einzige seiner Aufgaben zur Rettung seines Volkes Israel und der ganzen Welt erfüllen! Weiter in Vers 12 steht, dass es in Jesus keinen Unterschied mehr zwischen Juden und Nichtjuden gibt. Die Nationen bleiben als solche bestehen, aber in der Gnade Gottes sind wir alle gleich.

Meine Augen lasen begierig weiter und ich entdeckte die Antwort auf meine Frage, warum die Juden Jesus nicht annehmen. Bereits Jesaja schrieb unter der Anweisung

Gottes sechs Jahrhunderte vor der Geburt Jeschuas: „Ich bin gefunden worden von denen, die mich nicht suchten..." (Jes. 65,1). Der Große Schöpfer wollte, dass nicht nur Israel an Ihn glaubte, sondern auch die Nichtjuden. Seine Liebe ist nämlich so groß, dass sie keiner einfachen menschlichen Logik untersteht. Den Allmächtigen zu finden, ist nicht schwer, man muss nur seine Seele für Ihn öffnen. Gott selbst bestätigt dies mit den Worten aus der Torah: „Wenn  du mich von ganzem Herzen suchen wirst, so wirst du mich finden" (5. Mose 4,29). Die Heidenvölker fanden also den wahren Gott Abrahams, Isaaks und Jakobs.

Das Christentum tauchte nicht aus dem Nichts auf und ist nicht aus sich selbst heraus entstanden, sondern es geht aus dem Judentum hervor. Paulus zeigt im 11. Kapitel des Römerbriefes eindeutig auf, dass das Judentum und das heutige Christentum eine gemeinsame Wurzel besitzen: Als „einen grünen Ölbaum mit schöner, wohlgestalteter Frucht" bezeichnete Gott mit den Lippen Jeremias (Jer. 11,16) sein Volk Israel. Die Heidenvölker, die den Messias Israels angenommen hatten, vergleicht Paulus wiederum mit einem wilden Ölzweig, den man künstlich in den edlen Ölbaum eingliedern kann. Die Rettung der Nichtjuden hängt komplett von der Gnade Gottes ab; sie haben nichts, womit sie sich vor den Juden rühmen könnten, geschweige denn, sie zu verachten. Dessen ungeachtet führten die Selbsterhöhung der Heiden und ihr geistiger Stolz schließlich zu einer Verhärtung unter den Juden. Diejenigen seiner Volksgenossen, die ihren Jeschua nicht annahmen, vergleicht Paulus nun mit ausgebrochenen Zweigen. Diese Verstockung widerfährt Israel über einen gewissen Zeitraum: „…bis die Vollzahl der Heiden eingegangen ist" (Röm. 11,25).

Solange die Juden als Nation mit der Anerkennung Jeschuas als ihren Gott warten, steht die Tür zum Schöpfer für die übrigen Völker noch offen. Nur Gott kennt die genaue Zahl der Gläubigen. Und wenn diese Zahl erfüllt ist, wird Israel seinen wahren Messias annehmen. Die Zeit der Gnade und Erlösung für die ganze Welt ist dann zu Ende und die rettende Tür wird für immer verschlossen. Alle Nationen und Völker sollten den Juden nicht nur dafür danken, dass diese ihnen Jeschua und die Bibel gegeben haben, sondern auch für ihre vielleicht seltsam erscheinende Trägheit, dank der auch Nichtjuden errettet werden können. Das Recht, zu behaupten, dass Israel den Segen bei seinem Gott eingebüßt hat, gibt es deshalb nicht und kann es auch nicht geben. Gottes Bund mit Seinem Volk ist ewig, denn im Gegensatz zu uns Menschen ändert er Seine Absichten nicht. Die Gründung des Staates Israel, die Wiederherstellung der verloren geglaubten hebräischen Sprache sowie die Siege über die kriegerisch eingestellten Nachbarn zeugen davon, dass der Schöpfer sein Lieblingsvolk beschützt. „Denen die Sohnschaft und die Herrlichkeit und die Bündnisse gehören und die Gesetzgebung und der Gottesdienst und die Verheißungen; ihnen gehören auch die Väter an, und von ihnen stammt dem Fleisch nach der Christus…" (Röm. 9,4-5). Wenn sich das alles so verhält, weshalb schlug das Schicksal die Juden dann so hart? Wenn der Allmächtige allgegenwärtig ist, warum lässt Er dann eine solche Gewalt wie den Holocaust gegen Sein Volk zu? Auf diese

Frage, die ich mehrmals von meinen Stammesbrüdern gehört habe, fand ich keine Antwort.

„Mensch, wer bist denn du, dass du mit Gott rechten willst? Spricht auch das Gebilde zu dem, der es geformt hat: Warum hast du mich so gemacht? Oder hat nicht der Töpfer Macht über den Ton?" schreibt Paulus in Römer 9,20-21 weiter. Und in der Tat: Haben wir überhaupt das Recht, diese Frage zu stellen?

Der Weinberg

In der Bibel wird oft das Wort „Weinberg" verwendet. Da ich aus einer Stadt aus dem Norden komme, habe ich einen solchen noch nie mit eigenen Augen gesehen. Weintrauben waren mir lediglich als eine seltene, teure und leckere Delikatesse bekannt. Aber im Osten sieht alles ganz anders aus – dort stellen sie das Hauptnahrungsmittel. Besonders das Klima und der Boden Palästinas gestalten sich für den Weinbau günstig.

In der Regel wurde der Weinberg an einem Berghang angelegt. Dort herum baute man immer eine Hecke oder eine Mauer, zum Schutz vor wilden Schweinen und Schakalen, die die Ernte beschädigten. Wenn die Reben reif wurden, kam auf den Besitzer eine Zeit aktiver Arbeit zu.

Im 5. Kapitel schreibt der Prophet Jesaja: „Mein Geliebter hatte einen Weinberg auf einem fruchtbaren Hügel. Und er grub ihn und säuberte ihn von den Steinen und bepflanzte ihn mit edlen Reben,… und er hoffte, dass er gute Trauben brächte, aber er trug schlechte. Nun, ihr Bürger von Jerusalem und ihr Männer von Juda, sprecht Recht zwischen mir und meinem Weinberg! Was konnte man an meinem Weinberg noch weiter tun, das ich nicht getan habe?" (Vers 1-4). Der Weinberg ist Israel, der Geliebte

Jeschua. Gott selbst hat Sein Grundstück von den Steinen und sonstigem Müll gereinigt und dort Weinreben angepflanzt, nämlich die Männer Israels. Von einer dicken Mauer umgeben, war der Weinberg durch seinen Schöpfer vor dem Feind geschützt und gehörte Seinem geliebten Sohn. Jeder Gärtner erwartet eine reiche Ernte, wenn er fleißig auf seinem Feld schuftet. Genauso hat auch Gott erwartet, gute und große Weintraubenreben zu sehen. Aber letztendlich fanden sich dort lediglich kleine und ungenießbare Wildbeeren.

„Ich will seinen Zaun wegschaffen", sagt Jesaja mit den Worten Gottes, „damit er abgeweidet wird..." (Jes. 5.5). Gott bewahrte Sein auserwähltes Volk gewissenhaft, indem Er es vor Gefahren schützte. Aber wenn sich Seine Zornesschale aufgrund der Gesetzlosigkeit der Juden bis an den Rand gefüllt hatte, warnte sie der Allerhöchste durch die Propheten. Die nachfolgenden verwüstenden Angriffe der feindseligen Nachbarn bedeuteten eine Strafe für Israel. Aber Gott hat niemals ein vollständiges Verschwinden Seines Volkes zugelassen. Im Buch des Propheten Jeremia wird gesagt: „...dir will ich nicht ein Ende machen, sondern dich nach dem Recht züchtigen; doch ganz ungestraft kann ich dich nicht lassen" (30,11). Die Strafen waren notwendig, um das Volk auf die Annahme Jeschuas als den Messias, was „Befreier" bedeutet, vorzubereiten. Sogar die Nicht-Akzeptanz des erlösenden Opfers auf dem Kreuz von Golgatha hat an Gottes Plan nichts geändert. Die systematische Vernichtung der Juden während des Holocaust im Nationalsozialismus hat Israel nicht ausgelöscht…

Einige Jahre sind vergangen. Inzwischen sind wir als Familie nach Deutschland emigriert. Gott hat auf eine wunderbare Art und Weise unseren Umzug gelenkt. Ich bekam einen ausgezeichneten Arbeitsplatz und war in der Lage, meine große Familie materiell zu versorgen. Dank der Hilfe des Allerhöchsten wurden wir nicht von Nostalgie gequält, die jedem Migranten so gut bekannt ist.

Unser Wohnort ist die Stadt Nürnberg geworden. Da ich regelmäßig am Gerichtsgebäude vorbeigefahren bin, musste ich stets ungewollt an die berühmten Nürnberger

Prozesse denken, in deren Verlauf die Nazis und ihre Verbrechen, die in erster Linie gegenüber den Juden begangen worden waren, verurteilt wurden. Ausgerechnet diese Stadt hatte Hitler und seine Nazi-Ideologie mit offenen Armen empfangen.

Zur Zeit des Dritten Reichs war hier Julius Streicher, der schlimmste Antisemit, an der Macht gewesen. Sein Hass auf die Juden kannte keine Grenzen. Er wurde für seine aggressive Propaganda und dem Aufruf zu deren Massenvernichtung verurteilt.

Während einer Fahrradtour sind wir einmal in ein kleines Dorf namens Pleikershof gefahren. Das war ein eher bescheidenes kleines Gut, das inmitten von Feldern lag und aus einigen schön gebauten Häusern bestand. Es stellte sich heraus, dass dieses Gut früher Streicher gehört hatte. Nach seiner Hinrichtung haben die Amerikaner dort eine Art Kibbuz für die im Holocaust überlebenden Juden eingerichtet. Diese sehnten sich danach, bald nach Palästina auswandern zu können, aber die Gelegenheit für die Staatsgründung Israels ließ etwas auf sich warten. Ausgerechnet hier, auf einem gut gedüngten Ackerfeld, lernten die ehemaligen Konzentrationslager-Häftlinge die Grundlagen der Landwirtschaft kennen. Sie bestellten die Felder, melkten Kühe und erforschten die schwierige Wissenschaft des Bauernwesens, damit sie dann später Erez Israel für sich erschließen konnten. Binnen zwei Jahren wurden acht Hochzeiten gefeiert und unmittelbar auf der Farm sind drei Kinder zur Welt gekommen. Am Ort der Wiege des Antisemitismus entfaltete sich nun das jüdische Leben! Diese Tatsache war zweifellos Gottes Weisung.

Unter den Haushaltsgegenständen des früheren Besitzers befand sich eine Tafel, auf der geschrieben stand: „Ohne die Lösung der Judenfrage gibt es keine Lösung der Weltfrage." Man beschloss, diese Inschrift stehen zu lassen. Ihr Inhalt hat sich als prophetisch erwiesen, aber nicht in dem Sinn, wie es von den Nazis propagiert worden war: Jeder, der Israel segnet, tut Gott selbst etwas Wohlgefälliges.

Ein paar Jahre später wurde der Beschluss gefasst, einen neuen jüdischen Staat im Verheißenen Land zu errichten. Genau dorthin zogen anschließend die Bewohner von Pleikershof.

Auch ich gehörte zu diesem wunderbaren Weinberg, in dem Jeschua arbeitete. Er hatte mich unablässig auf meinem gesamten Weg bewahrt. Mein ganzes Leben zeugte davon. Und ich bekam den Wunsch, mich bei meinem Messias zu bedanken. Das heißt, ich wollte für Ihn tätig sein.

Arbeiten kann man auf ganz unterschiedliche Weise, zum Beispiel als Angestellter. In diesem Fall werden die Menge der Arbeit und die Bezahlung vereinbart. In der antiken Gesellschaft hatte die Sklaverei existiert. Ein Sklave gehörte ganz seinem Herrn und tat das, was man ihm befahl. Laut der Torah musste man einem solchen Arbeiter im siebten Jahr seines Dienstes die Freiheit schenken. Aber in 5. Mose 15,16-17 wird über eine besondere Form des Dienstes berichtet. Es kam vor, dass die Diener ihre Herren so sehr liebten, dass sie dessen Haus nicht verlassen und ihm ihr Leben lang ohne Bezahlung dienen wollten. Eine solche Arbeit erwartet der Himmlische Vater von uns. In Seinem Haus zu wohnen, ist das größte Glück für jeden von uns. Nicht umsonst haben sich die Apostel als „Knechte des Herrn" bezeichnet. Ich habe diesen Weg des Dienstes für Jeschua gewählt.

Gott hat mich vor eine konkrete Aufgabe gestellt – die verlorenen Schafe des Volkes Israel für Seine Stätte zurückzugewinnen. Die Juden müssen ihren Messias annehmen!

Nachwort

Der griechische Philosoph Protagoras meinte einst, dass der Mensch das Maß aller Dinge sei. Das beziehe sich nicht nur auf die materielle Welt, sondern auch auf die geistliche. Die Bibel berichtet uns darüber, dass es einen Gott gibt, den Schöpfer des Himmels und der Erde. Er schuf auch den Menschen nach Seinem Ebenbild, gab ihm einen Verstand und einen freien Willen. Doch anstatt sich vor ihrem Schöpfer zu verneigen, haben sich die Menschen andere Götter nach ihren eigenen Kriterien entworfen. Wie war es möglich, dass so etwas passierte? Der freie Wille der Menschen hat den einfachsten Weg gewählt. Dem wahren Gott nachzufolgen, bedeutet oft einen Verzicht auf viele weltliche Freuden und Fleischeslüste. Deswegen entschieden sich die Menschen für Baal, einen Fruchtbarkeitsgott, den sie sich selbst erschaffen haben. Baal nachzufolgen, war leicht und angenehm, denn es war ein Weg der Zügellosigkeit und Ausschweifung. Und an ihn zu glauben war auch einfach; man musste nur religiöse Vorschriften einhalten.

Im ersten Buch der Könige, Kapitel 18 wird über Elia, einen Propheten des Gottes Israel, berichtet. Er war einer der weinigen, die dem Herrn nachfolgten. Der größte Teil des Volkes, den niederträchtigen König Ahab eingeschlossen, betete Baal an, dessen Götzentempel überall zu sehen waren. Wohl wissend um die Kraft Gottes, forderte Elia die Götzenanbeter zu einem Wettkampf heraus. Er machte den Vorschlag, Holz für ein Feuer vorzubereiten und ein Opfer darauf zu legen.

„Ruft den Namen eures Gottes an, aber legt kein Feuer daran … und ich werde den Namen des Herrn, meines Gottes, anrufen. Derjenige Gott, der uns die Antwort durchs Feuer geben wird, ist der wahre Gott", sagte der Prophet Gottes zu den Baalpriestern.

Vierhundertundfünfzig Menschen riefen den Namen Baals von früh morgens bis zum Mittag an. Es kam keine Antwort. Dann fingen sie an, um den Altar herumzuhüpfen und sich selbst mit Messern zu schneiden, bis das Blut floss. Doch auch das half nicht. So tobten sie bis zum Abend, aber das Feuer blieb aus.

Nachdem Elia den niedergerissenen Altar des Herrn wieder aufgerichtet hatte, legte er Holz darauf, worüber er ein zerteiltes Jungtier ausbreitete. Danach ließ er dreimal Wasser auf das Opfer gießen.

„O Herr, du Gott Abrahams, Isaaks und Israels, lass sie heute erkennen, dass du Gott in Israel bist und ich dein Knecht, und dass ich dies alles nach deinem Wort getan habe!", betete der Prophet. „Erhöre mich, o Herr, erhöre mich, damit dieses Volk erkennt, dass du, Herr, der wahre Gott bist, und damit du ihr Herz zur Umkehr bringst!"

Ein Wunder geschah. Das Feuer Gottes, das, wie es schien, aus dem Nichts kam, verschlang das Rind, das Holz, die Steine und sogar das Wasser.

Der wahre Gott ist real und die Götzen – wie der Baal – sind nicht mehr als eine Erfindung des Menschen. Eine ganze Menge solcher selbst kreierter Götter existieren auch in unserer Zeit. Krishna, Buddha und Zarathustra existieren nur in den Köpfen der Menschen und führen sie vom wahren Schöpfer weg. Keine menschliche Vorstellung wie z.B. die Kabbala kann uns der Wahrheit Gottes näherbringen oder uns die unbekannten Geheimnisse der Weltschöpfung offenlegen. Die großartigste Offenbarung Gottes, die uns der Allmächtige selbst gab, ist Jeschua Ha-Maschiach, Jesus Christus, der Messias des jüdischen Volkes und der Erretter aller Menschen. Seine Ablehnung stellt eine persönliche Beleidigung für Gott dar!

In dieser – wie es scheint – intakten Welt stellt man sich das Leben ruhig und überschaubar vor. Wir planen jeden

Schritt, ohne uns darüber Gedanken zu machen, dass die Ewigkeit schon vor der Tür steht. Nur der Große Schöpfer, der diese Welt und uns alle darauf erschaffen hat, hat Einblick in die Geheimnisse der Zukunft. In Seinem Buch, der Bibel, bietet er jedem an, die Ewigkeit mit Ihm zu verbringen. Die Offenbarung spricht davon, dass „…der Tod nicht mehr sein [wird], weder Leid noch Geschrei noch Schmerz wird mehr sein; denn das Erste ist vergangen" (21,4). Weiter ist in Kapitel 22, Vers 5 erläutert, dass es hell sein wird, denn „…es wird dort keine Nacht mehr geben, und sie bedürfen nicht eines Leuchters, noch des Lichtes der Sonne, denn Gott, der Herr, erleuchtet sie; und sie werden herrschen von Ewigkeit zu Ewigkeit." Zu diesem Zweck müssen wir die wichtigste Entscheidung in unserem Leben treffen – den Messias Jesus als unseren persönlichen Erretter annehmen. Wenn wir es nicht tun, dann wartet das ewige Reich der Finsternis und des Schreckens auf uns.

Einige Leute behaupten, dass das Leben mit dem Tod endet. In Wirklichkeit endet hier jedoch nur der sehr kurze Moment unseres irdischen Daseins. Und nur in diesem Zeitabschnitt können wir uns dafür entscheiden, mit wem wir in der Ewigkeit sein werden.

Kein Mensch kann von sich behaupten, dass Gott niemals an sein Herz geklopft hätte. Blicken Sie auf Ihr ganzes Leben zurück und Sie werden dort Fingerabdrücke des Allmächtigen entdecken, der Sie aus Seiner Gnade heraus bis zum heutigen Tag bewahrt hat! Er möchte Sie auch heute noch immer mit sich vereint sehen und spricht durch Seinen Sohn zu Ihnen: „…Siehe, ich stehe vor der Tür und klopfe an. Wenn jemand meine Stimme hört und die Tür öffnet, so werde ich zu ihm hineingehen und das Mahl mit ihm essen und er mit mir" (Offb. 3,20).

Wo gehen wir hin, was streben wir an? ...
Wir erschüttern nur die Leere.
Man würde eher die Vernunft verlieren,
als plötzlich Ihm vertrauen.

Aber – nein. Im Leben ist alles anders.
Und um das Schicksal vorherzusehen,
hetzen wir. Aber dennoch
wird jeder seine Lehre erhalten.

Und aus Mitleid wird er wehklagen:
„Was habe ich in diesem Leben erlangt?
Die ganze Zeit schritt ich in Zweifel.
Und nun – das Dunkel über dem Haupt…"

Das Leben möge stürmisch eilen.
Mein Verstand ist nicht der Düsterkeit unterworfen.
Der Fürst der Welt macht sich lustig über Menschen.
Ich – bin beim Schöpfer und Er ist in mir.

(Frei übersetzt aus dem Russischen)